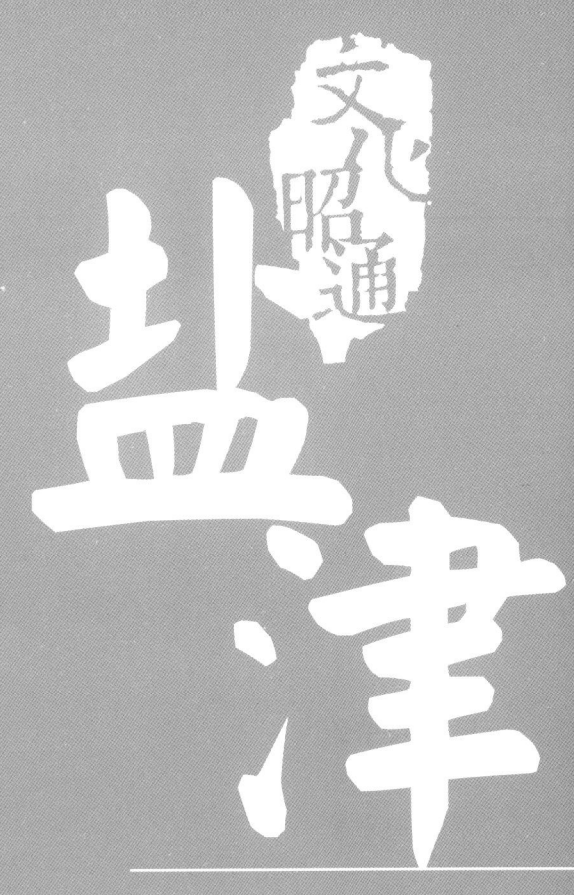

盐津

【文化昭通】

总策划　杨亚林　郭大进
主　编　王　忠
本卷主编　王茹郦

南滇锁钥　水墨盐津

云南人民出版社集团
云南人民出版社

"文化昭通"丛书编委会

总 策 划 杨亚林　郭大进
主　　编 王　忠
副 主 编 尹朝禹　吴　静
执行主编 朱大庆　郑　萍　吕亚平
总 监 制 李　维
监　　制 江庆波

编　　委 李　勇　艾自由
编　　务 王嫣霏　张荣炯　陈文超　杨恩智　文　鹏

文化昭通·盐津

本卷编委会

本卷总策划 李　晓　郑　磊
本 卷 策 划 撒兰忠
本 卷 主 编 王茄郦
本卷副主编 李江仁　刘文扬
本卷执行主编 蒋显荣
本卷执行副主编 杨世权

本 卷 撰 稿 蒋显荣　杨世权　刘作芳　周永轩　王朝平　邓　溪
本 卷 摄 影 幸　东　陈　勇

图书在版编目（CIP）数据

文化昭通．盐津/王茄郦主编．——昆明：云南人民出版社，2018.12
ISBN 978-7-222-17228-9

Ⅰ．①文… Ⅱ．①王… Ⅲ．①地方文化－盐津县 Ⅳ．①G127.743

中国版本图书馆CIP数据核字(2018)第099734号

创意策划：云南出版集团公司产业发展部
出 品 人：赵石定
责任编辑：徐 霞　刘 焰　姚实名
设计总监：袁亚雄
装帧设计：乐 乐　熊小熊
责任校对：陈春梅
责任印制：洪中丽

文化昭通·盐津
WENHUA ZHAOTONG YANJIN

主编：王茄郦
出版：云南出版集团　云南人民出版社　　**发行**：云南人民出版社
社址：昆明市环城西路609号　　　　　　　**邮编**：650034
网址：www.ynpph.com.cn　　　　　　　　**E-mail**：ynrms@sina.com

开本：787mm×1092mm　1/16　　**印张**：17.75　　**字数**：255千
版次：2018年12月第1版第1次印刷
印刷：云南出版印刷（集团）有限责任公司　云南国方印刷有限公司

书号：ISBN 978-7-222-17228-9　　**定价**：79.00元

如需购买图书、反馈意见，请与我社联系
总编室：0871-64109126　发行部：0871-64108507　审校部：0871-64164626　印制部：0871-64191534

版权所有　侵权必究　印装差错　负责调换

云南人民出版社微信公众号

总序

600万年前,地球这颗星球还是一片蛮荒。

现今的昭通坝子是野生动物的乐园。

猿、矇鹿、貘、剑齿象、犀牛、河狸、水獭在这里生生灭灭。

太古蛮荒,日长如年。

星球旋转,时序更迭。

几百万年的岁月就这样过去。

10万年前,昭通过山洞一带,有了"人"。他们从哪里来,不知道;他们怎么生活,不清楚。

昭阳巡龙湾、鲁甸野石、巧家小东门等石器时代遗址的发现,让历史的蒙昧天幕依稀闪现出了一丝文明的曙光。

人类在繁衍,母系、父系,生生不息。

部落在迁徙,登山、涉水,寻求更好的环境。

公元前7世纪的春秋早期,中原已是"郁郁乎文哉",滇东北高原还是一片黑暗。

一个人,一个部族的出现,改变了这一切。

他,就是杜宇!

昭通有文字记载的历史从此开始。

杜宇"从天堕,止朱提",拂去神话的色彩,应是一个在西南大地上迁徙的部族。他或他们在朱提——昭通坝子的突然出现,揭开了昭通文明史新的一页。

足音如雷,人声鼎沸;筚路蓝缕,以启山林。

从此，弹丸之地的昭通和中华文明的母体，紧紧连在了一起。

来也匆匆，去也匆匆。

稍事休养生息后，杜宇，又带着他的部族北上了。

如果说，文明是人与自然结合的产物，是人在自然界留下的痕迹，那么，杜宇刻在昭通的痕迹，是既涂且重了。

这条痕迹在滇东北的密林深箐，崇山巨壑中往北延伸，进入川南，直达成都。

这，就是五尺道的前身。

不管后人把这条道路叫作海见之路、盐铁之路，抑或是茶马之路、丝绸之路，但它实实在在是一条羊肠小道，是一条文明的脐带。

而这条路，是杜宇和他的部族，用脚板走出来的。

昭通，是这条文明脐带上的一个重要节点。

整个春秋战国时代，正是这一条血脉，联系了中原和南滇，尽管有时它似乎微弱得似有若无。

公元前4世纪末，李冰为蜀守，修筑了闻名于世的都江堰。但，不要忘记，他还有一个功劳，就是修筑了从僰道（今宜宾）通往滇东北的道路。

又过了百年，到公元前3世纪末，秦始皇"席卷天下，包举宇内"，海内一统，雄才大略的他又把眼光盯在了这条道路上，他派常頞在李冰修筑的基础上，把路往南延伸，"五尺道"初步定型。并在"诸此道颇置吏焉"，秦王朝的触角伸向了这里。

昭通"锁钥南滇，咽喉西蜀"，成了中原通向云南的桥头堡。汉文化、西南夷文化在这里交融，碰撞出了绚丽的火花。

文化昭通的滥觞从这里开始。

西汉王朝设郡置县，通道置驿，移民屯田，中原的先进文化随着铜铁竹木、僰僮髦牛的贸易，源源不绝输入这里。西汉末，文齐率夷汉人民"凿龙池，溉稻田"，说明农耕文化已然发展。

东汉，随着南中大姓的兴起，汉文化已扎根这片大地。灿烂的朱提青铜文化，使昭通成为名副其实的"中国汉洗之乡"。被誉为"南中瑰宝"的东汉《孟孝琚碑》是儒风吹拂高原的明证。它那理性而悲愤的文字内容、沉郁而厚重的书法风格，连同朱提青铜器那精美的制作工艺，至善至美的工匠精神，给昭通文化不小的影响。

东晋"霍承嗣壁画墓"中的夷汉部曲壁画形象，是夷汉文化在昭通进一步融合的明证。这时的昭通"其民好学，为南中冠冕"，文化的发展已然走在云南的前列。

当然，文化的发展从来是不平衡的。五尺道沿线及坝区的居民点，受汉文化影响较深，南中大姓基本沿用内地的生活方式，而边远山区的一些部族，到了晋代依然还是"食肉衣皮、言语服饰不与华同"。

南北朝至隋唐，随着中原王朝的衰微，"夷强汉弱"，文化的发展亦进入低谷。

唐宋昭通夹在中原王朝及云南地方政权南诏、大理之间，天高皇帝远，除豆沙关留下一小块唐袁滋摩崖刻石外，未发现更多的史料及文物。

宋、元、明三代，昭通与中原多数时间"荒梗不通"，成为乌蛮土司"争官夺印"、互争雄长之地。生产力停滞、倒退，文化建设上亦乏善可陈。

清雍正年间的"改土归流"，无疑是昭通政治、经济、文化发展史上的一个分水岭。流官、营兵、垦户、矿厂的大量入昭，带来了汉文化的再度复兴。"乌暗蒙蔽"变而"昭明通达"，昭通迎来了历史上第二个文化的高峰，从而开昭通近代文化之先声。

民国昭通作为云南高层领导龙云、卢汉的故里，素有"小昆明"之称。云南作为抗战的后方，大量南渡北归的文化人经过，为昭通带来了文化的新气息，使昭通文化的发展，比肩于内地发达地区。

改革开放后,惊雷声声,万绿齐萌于沃野;春风忽渡,鲜花竞放于高原。"昭通作家群"的异军突起,标志着昭通文化进入了一个希望的春天。

回眸昭通文化,它像一条历史长河,千折百回,跌宕起伏。时而惊涛裂岸,时而幽咽泉流。有辉煌也有暗淡,有厚重也有单薄,有前进也有停滞。

凝视它,有欣喜也有苍凉。

我们没有理由妄自菲薄,我们更不该夜郎自大。

昭通文化,是一个复合多元的文化,是生活在这块土地上的各族人民共同创造的。这条文化的长河,流淌着生活在这块土地上的各族人民的心血和汗水,是各族人民共同创造的结晶。

从杜宇部族脚下的草莽小径,到蜿蜒曲折的五尺道,到今天的高速公路、铁路、航空线,文化的脐带愈来愈宽阔、愈来愈结实。

交通,与昭通文化的关联太紧密了。

昭通、昭通,不昭不通,不通不昭。

昭明,才能通达;通达,将更加昭明。

一个更开放、更包容的社会,将更有助于昭通文化的繁荣兴旺。

在前进的道路上,我们既要回望传统,又要放眼未来。

要守住自己的根,也不要小视别人的果。

要有文化的自信,更要有文化的自省。

这样,我们才能长大。

序
南滇锁钥　水墨盐津

盐津是个美丽、神奇的地方。乌蒙山绵延盐津，老黎山横空出世。山峰莽莽苍苍，大气磅礴，雄浑壮美。沟壑突兀参差，鳞次栉比，纵横交错。从公元前4世纪南方丝绸之路途经这里开始，先秦开僰道，秦开五尺道，汉武开南夷道，隋唐开石门道，盐津成为"锁钥南滇、咽喉西蜀"的重要通道和云、贵、川三省接合部的物资集散地，是云南沟通中原的重要门户。历史的风尘岁月中，沿着这条古道，中原文化、巴蜀文化、荆楚文化、古滇文化、夜郎文化、僰人文化在这里交汇融合，各种文化取长补短。各种文化典籍及典仪、礼俗、服饰及生活习俗的浸染，使之呈现出多元的民族文化内涵，经过长期的融合而形成了独具特色的朱提文化。作为云南最早受中原文化影响的地区，盐津为中原文化与古滇文化沟通的纽带，在云南早期文化发展史上具有十分重要的地位。

盐津，地处西部大峡谷的核心地带，因产盐而得名。提到大峡谷，我们并不陌生，单是在云南，就有金沙江大峡谷、怒江大峡谷、澜沧江大峡谷等神奇壮美的大峡谷。而在我们生活的地球上，最著名的当数美国科罗拉多大峡谷。那是一个举世闻名的自然奇观，它位于美国西部亚利桑那州西北部的凯巴布高原上，全长446公里，平均宽度16公里。由于科罗拉多河穿流其中，故又名科罗拉多大峡谷，它被联合国教科文卫组织选为受保护的自然遗产之一。盐津境内的这一段大峡谷，是还没有被全世界发现的神秘的处女谷。它是中国古代"南方丝绸之路"的神奇画廊，大致呈西南—东北走向，全长180多公里，蜿蜒曲折，像一条桀骜不驯的巨蟒，匍匐于乌蒙山的群山之间。它的宽度在几十米至两三千米之间，峡谷两岸的山崖均为喀斯特地貌。如果说科罗拉多大峡谷是因为科罗拉多河穿流其中而得名，那么，盐津这一段"中国西部大峡谷"，它不仅有关河在谷底汹涌向前，还有自古以来就形成的关河水道、秦朝的"五尺道"，有20世纪50年代末兴建的213国道，还有内昆铁路和昆渝高等级公路在深谷中交相呼应、纵横穿梭，整个关河的径流面积占了昭通市国土面积的51.4%。可以设想一下，在一个狭窄的谷底，形成两山壁立、一水中流、五道并行的奇观，这在全世界的峡谷中恐怕都十分罕见。唐朝大诗人李白在《蜀道难》中喟叹：蜀道之难难于上青天。"西部大峡谷"中的"五尺道"，正是古代蜀道的延伸部分。今天，当我们乘坐舒适的大巴奔驰在平坦的柏油路上，也许领略不到"上青天"的感受，但是，就在60多年前，这里仍然还沿用"五尺道"通行。大峡谷使我们充满了敬畏，它是大自然鬼斧神工的杰作，具有神奇的魅力。

在大峡谷里前行，可以感受"中国西部大峡谷"沟壑纵横、峰峦叠嶂的神韵。可用雄、深、野、奇四个字来对大峡谷风光进行概括："说它雄，雄就雄在群山磅礴，奇峰净土；说它深，深就深在绝壁万仞，云锁古道；说它野，野就野在原始风光，自然净土；说它奇，奇就奇在一峡五道。"我们还能感受到"中国西部百里大峡谷"的厚重历史。数千年的往事，集中在这段百里大峡谷；数千年的兴衰，沉淀在这段百里大峡谷。这段大峡谷与中国历史有着太多的渊源与纠葛。杜宇从这里带领他的部族北上，在成都建立了蜀国；诸葛亮用兵南征，七擒孟获，从这里凯旋；唐袁滋出使大理，留下摩崖石刻，谱写了民族团结的篇章；忽必烈挥师迂回，包抄南宋；元世祖至元年间，马可·波罗在五尺道上也留下了他的足迹；明太祖数十万士兵平定云南；鄂尔泰改土归流；护国军北上讨伐国贼；姜亮夫只身入蜀求学，成为一代国学大师；朱德徒步入滇求学，成为共和国开国元勋……他们走的都是这条"中国西部大峡谷"！百里大峡谷是昭通旅游的生命线，是云南旅游的主干线，是西南旅游的黄金线。

中华文明是一部卷帙浩繁的历史文化长卷，是一条波澜迭起，深邃壮阔的文化长河。上下五千年，纵横数万里，多少风起云涌，撼人心魄的历史事件，多少叱咤风云，威震古今的历史人物，多少秦砖汉瓦，断简残篇的历史碎片，多少文采斐然，洞幽烛微的皇皇著作，堆积成了灿烂辉煌、绚丽多姿的历史文明。而一种文化的滋生，需要一个特定的背景，一个地区的发展，更需要文化的支撑，作为浩瀚壮阔、博大精深的中华文明的历史人文单元，盐津的文化自然离不开千年历史留下的文明。盐津以其独特的地理位置，奇特的民风民俗，卓尔不凡的历史积淀，兼容并收的文化内涵，刚毅包容的性格特征，创造了为中华文化增光添彩的盐津文化，是滔滔不绝气势恢宏的中华文化历史长河中一朵绚丽的花朵。

在群山纵横，河流蜿蜒的地理图像中，一条细若游丝的线条把盐津和中原连在一起，这条线就是名闻遐迩的南方丝绸之路——五尺道，剥开历史的苔痕，五尺道就像铮然而鸣的琴弦，讲述着多少动人的故事；五尺道又像一根纬线，连着一串串历史的花瓣，成了缠绕在百里大峡谷腰间艳丽夺目的花环，这条血脉似的通道，连通了中原文化、荆楚文化、巴蜀文化和古滇文化的对接和碰撞，开出了独具特色的文化之花。

盐津，这是一片文明祥和的热土，这是一个文化气息浓郁的通道。这里天很蓝，风很清，阳光很明媚；这里四季分明，如诗如画，春天万紫千红，夏天碧波万顷，秋天遍地金黄，冬天白雪皑皑。这里的人纯朴善良，能歌善舞。热情纯朴的盐津人温暖的招呼，纯真的笑容，独特的民风，令你如痴如醉，乐不思蜀。到了盐津，你可以品味独特的风味小吃，你可以欣赏僰人舞蹈的粗犷狂放、欣赏盐津山歌的深厚辽远、欣赏傩戏的古朴神秘、欣赏苗族歌舞的淳朴绚丽，领略百里峡谷淡然悠远的自然风韵。

盐津，历史的风雨沁透骨髓的盐津，满目的睿智，满脸的沧桑，仿佛隐于闹市的高人，藏于平凡的智者，在这百里大峡谷里，默想古今，笑看风云。千年万年的旭日东升，万年千年的落日辉煌。不变的，是采天地之灵气、汲日月之精华，脚踏四方、目及八荒，刚毅包容的盐津人。

古老的峡谷，年轻的盐津，区位特殊，资源丰富，文化底蕴深厚，后发优势强劲，在每一条通往历史深处的隧道，每一条通往未来宽敞明亮的大道，每一座沉默千年的山峰，每一条泛着岁月时光浪花的河流，无不洋溢着盐津浓浓的民族风、深深的峡谷情……

古往今来，无论是和平年代，还是战乱时期，人们对道路交通重要性的认识都是一致的。随着金沙江水电资源开发和云南省国际大通道建设的不断加快，盐津已形成东经黔桂通沿海、北连川渝进中原、南上昆明达东盟、西沿金沙连川藏的交通大格局。盐津丰富的资源和良好的区位优势将更加突出。

当现代生活节奏把你的灵魂压得疲惫不堪的时候，那你就来盐津吧。兴隆茶花节，万亩茶花绽放，满山遍野，成了花的海洋，那一种气势，震撼你的灵魂！滩头花山节，与苗族同胞狂欢，举杯共饮，醉倒在篝火旁，那一种激情，慰藉你的灵魂！豆沙美食节，各种小吃琳琅满目，应有尽有，令你馋涎欲滴，那一份食欲，荡涤你的灵魂！中和乡村旅游节，赏水乡风情，吃杀猪饭，品九大碗，那一种情怀，升华你的灵魂。还有庙坝油菜花节，牛寨玫瑰花节，都让人心旌摇曳，激情满怀，流连忘返。

你若有怀旧情结，你若想看看盐津文明过去的辉煌，你若想感受盐津历史文化的浸染，那你就去逛一逛豆沙古镇，品文化老街，尝石门三粑，看石门雄关，赏石门八景，看五道奇观，观摩崖石刻，品书法楹联，看僰人悬棺。你还可以到普洱渡走一走，赏古渡风情，观夷都胜景，探访乌蒙王故里，看天生古桥……你的身体从现代走来，你的灵魂却进入远古时代。当你的灵魂从远古时代回来，行进在盐津风景如画的百里大峡谷里，你就会感受到一次庄严的灵魂洗礼，使得你的灵肉，仿佛新生。

盐津，现代化进程光芒下一片风姿绰约的神秘热土，让人爱恋，让人驻足，让人流连忘返……

千年古道展新姿，百里峡谷美如画。南滇锁钥，水墨盐津。

目录 Contents

1　总　序

5　序　南滇锁钥　水墨盐津

001　第一章　峡谷绝壁话沧桑

002　一纸铺开，盐津历史写满沧桑

014　关锁南北，古道摩崖镂刻的一统明证

037　古渡普洱，渡口往事与荣耀迷雾

056　烽火硝烟，关河旁铸刻的累累伤痕

066　流沙掠影，谁看见丛林中隐藏的背影

091　第二章　如梦家园染水墨

092　盐津山水，似真似幻如诗如画

109　桢楠、杉木与榕树：林中自有绿荫在

129　竹林、竹笋：一只熊猫与一个童话

138　兰草和茶花：我从山中来

153　大鲵：夜半娃娃鱼下滩

159　第三章　山野民风渊源长

160　民歌民谣：在吟唱中穿行的故乡

188　民族风情：隐藏在群山中的风声

208　书法绘画：宣纸上流动的春秋

216　诗词文学：悬崖上跳跃的文字

225　第四章　唇齿相依故乡情

226　乡宴：来自故乡的请柬
240　佳肴：舌尖上的羁绊
256　小吃：在时光深处静静仰望

266　后　记

第一章

峡谷绝壁话沧桑

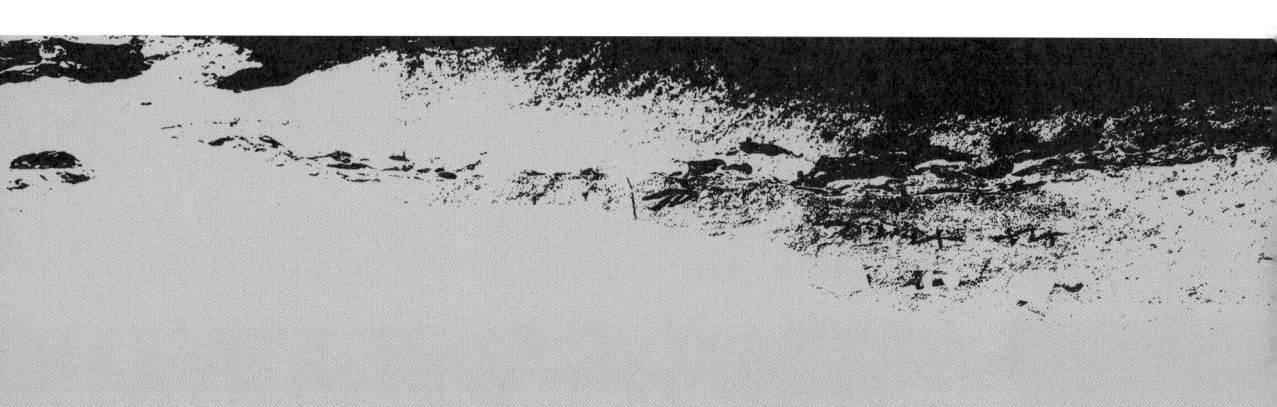

五尺古道、关河水道,豆沙关、普洱渡,峡谷里的枪声、丛林中走出的背影——如果早晨的阳光可以照见一粒露珠,露珠的闪烁,可以映照一棵树的辉煌。史籍的碎片即使不很闪烁,也如一页纸上的文字,烙刻着盐津的历史。

一纸铺开，盐津历史写满沧桑

"五岭逶迤腾细浪，乌蒙磅礴走泥丸"，豪情万丈，气势恢宏，汹涌磅礴的乌蒙山脉，在伟人眼中，犹如脚下滚动的泥丸。宇宙浩瀚，时空轮转，一切沧桑嬗变都短暂微渺。大地苍茫，乌蒙山脉只是时间淌过的纹痕。

乌蒙山脉像从威宁草海腾跃而起的三条巨龙，朝着三个不同的方向奔腾而去。东南直走水城、六枝，岭分北盘江与三岔河；东北斜贯威宁，横跨镇雄，过毕节、大方。乌蒙山的这两条支系大部分处贵州境内。西北以西凉山为主体，竞奔昭通，向北延伸而去。

盐津处于朝天马山脉和乌蒙山北支交汇处。朝天马山脉经彝良县由庙坝镇入盐津县境，乌蒙山北支，经昭通、大关从豆沙镇入盐津县境。

山水相依奔涌出纵横的河谷。洛泽河、洒渔河在大关境内汇于大关河，一路向北，于盐津柿子坝与东来的白水江汇合，一条完整的朱提江由此而成。朱提江水系仿佛舞动的缎子，将鲁甸、昭通、彝良、大关、威信、镇雄、水富串联起来，到水富汇入金沙江，至宜宾与岷江汇合而为长江。

盐津地处滇、川、黔、渝的腹心地带，自古就为中原与西南的交通枢纽。由于特殊的地理区位和历史渊源，盐津素有"滇川门户""咽喉巴蜀，锁钥南滇"之美誉。

盐津作为县名，可追溯至民国六年（1917年）。《盐津县志》

载:"以黎山为界,将大关县山外之地于民国六年(1917年)析置新县,驻盐井渡,定名盐津。"此时的盐津县尚未包含豆沙关。而再往前的浩如烟海的皇皇史册里,有关盐津的记载,多是只言片语,语焉未详。在浩渺的文史烟海中,扒开丛芜繁杂的枝枝蔓蔓,捡拾串缀一些碎片般零星的文字,我们亦能感知到盐津的文化脉搏……

《盐津县志》载"盐津县境,三代时,《禹贡》属梁州域,周为窦甸地,甸坝荒邈无征"。

盐津域内是什么时候开始有人类活动的?据传,最初生活在这片土地上的人叫僰人,因战乱,自荆楚一带移徙而来。僰人先民三代之前称之为"濮",繁衍生息于以河南濮阳为中心的濮水流域。商代初,濮人被迫南迁。西周时,濮人广泛分

布于江汉流域。春秋时期，濮人与楚人失和，在荆楚的几番打击之下，濮人沿长江而上，直至朱提江流域，定居下来，并建立僰侯国。自此，濮人便被称为僰人。

从那时开始，盐津这片荒凉的峡谷地带开始燃起烟火，古老的朱提江留下了人类的身影。就像人类第一次直立行走眺望远方，垦荒的古先民筚路蓝缕，在瘴气弥漫、虎豹出没的朱提江两岸艰难行进着。

秦惠文王九年（前316年），主张得蜀即得楚的秦国大夫司马错西取蜀地，置巴、蜀、汉中三郡。盐津有了归属，即秦国蜀郡。约三十年后，楚将庄蹻攻略巴郡、黔中郡以西地区，直至滇池，成为历史上的第一个云南王。盐津从秦国割裂出来，归入楚国版图。公元前278年，秦国重新夺回巴郡，攻占黔中郡。其时，秦国席卷天下的雄心已然转化为经济上和军事上之硬实力。为解除东征的后顾之忧，加强对西南的经略，秦孝文王元年（前250年），蜀守李

冰开始了从巴蜀僰道（今宜宾）至朱提（今昭通）敲开云南门户的筑路工程。秦朝建立后，为进一步加强对西南的统治，大约在公元前221年至公元前217年之间，朝廷派常頞在李冰所开僰道的基础上"略通五尺道"。自此，盐津，这个介于宜宾与昭通之间的峡谷地带，开启了其在风云变幻的历史中"咽喉巴蜀，锁钥南滇"的行程。

从秦二世元年（前209年）大泽乡起义至公元前202年项羽自刎乌江、汉朝建立，长达八年的战乱使得社会生产遭到极大破坏，新建的大汉王朝国库空虚，国力虚弱。汉高祖刘邦在企图收复秦末被匈奴占据的河套地区时被冒顿单于围困于白登，汉朝旋即采取休养生息之策，停止了对西南夷地的经营。幸运的是朝廷休养生息政策而至"开蜀故徼"并未全然断绝西南夷地与中原的联络，五尺道上依旧茶马络绎，西南夷地与巴蜀之间的民间贸易交往仍然密切，巴蜀人带着中原的丝绸、珠宝沿五尺道而来，偷出关口，换取筰马、僰童、牦牛，以此，巴、蜀两郡甚为富有。民间百姓、商贾的往来交流填充了这个

❶ 庙坝文家牌坊
❷ 云南最早的天主教堂——龙台天主教堂遗址

❶ 盐津山河
❷ 马湖府界碑

时段中央政权对盐津县境的辖制和影响。

清代诗人陈熙晋有一首《之溪棹歌》诗写道："尤物移人付酒怀，荔枝滩上瘴烟开。汉家枸酱知何物，赚得唐蒙鳛部来。"历史的演绎总避免不了一些偶然的机缘巧合，被大汉王朝关闭了数十年的南丝绸之路的大门，竟是因了这种叫作枸酱的植物果实而再次开启。经"文景之治"，及至汉武，国家"财阜有余，士马强盛"，大汉王朝开疆拓土，北征匈奴、南伐夷越成为重要国政方针。建元六年（前135年），时为番阳（今江西鄱阳东北）令的唐蒙将汉朝出师南越的意图告知南越时，受到南越人用蜀地的枸酱款待，因打听枸酱来历而偶然得知自夜郎（今贵州西北部、云南东北部及四川南部）顺牂牁江而下可绕至南越后方的捷径。于是，唐蒙上书武帝："窃闻夜郎所有精兵，可得十余万，浮船牂牁江，出其不意，此制越一奇也。诚以汉之彊，巴蜀之饶，通夜郎道，为置吏，易甚。"其时，汉朝刚征服东越，雄才大略的汉武帝同意了唐蒙的主张，并封其为中郎将。唐蒙率领一千汉军和一万民夫，进入夜郎。

朱提江畔，第一次驰来中央王朝的浩荡军队。滚滚马蹄声在峡谷中回荡，如皇帝的一纸诏书，向这块土地宣告着帝王的意志和朝廷的浩浩皇恩。古老的盐津先民在惶恐不安中走出丛林，随着大汉

柿子东汉崖墓群出土文物

王朝的军队踏上通向南中的五尺道。

唐蒙与夜郎侯多同的见面洽谈是怎样一番情形，我们无从得知。谈判的结果是夜郎再次归于汉朝版图，置犍为郡，西南夷道开通，五尺道再一次得到修整。其时，犍为郡疆域辽阔，大致包含今天贵州西北、云南东北、四川东南等广袤土地。民国二十一年（1932年），因为水灾，盐津迁建县治时挖掘出汉武帝时期所铸造的五铢钱，力证了西南夷民与中原民族的商贸往来和文化汇融。

自远古僰人先民移居于此，至各民族杂居融合，千百年来，这里的人民依山傍水，刀耕火种，日升而作，日落而息，世代繁衍生息。史书一页页翻过，一代代史官们笔下流淌出的涓涓细流汇聚成恢宏的历史汪洋。在渺茫浩瀚的史海里，因了史官们笔下的一条古道，我们隐约看见，帝王的江山在这里吞吐沉浮，征伐的官兵、忙碌的商贾在这里往来汇集……

今天，关河两岸，从豆沙关、庙坝起，经柿子坝、盐井镇、普洱镇，至滩头一带，自河谷拔地而起的民居鳞次栉比，万家灯火让不羁的关河变得宁静安详。很难想象，在这样一个河谷地带，盐津到底经历了怎样的艰难跋涉，演绎过哪些被历史掩埋而不为人知的沧桑往事。每一个月升日落的黄昏，每一个曦光初现的黎明，盐津人生活的背后，蕴藏着通道文化的千年濡染。关河的水依旧流淌激荡，叙述安详……

唐取天下后，重置开边县，后于贞观四年（630年），石门县从开边县分置出来。天宝九年（750年），南诏阁罗凤被逼反唐，朝廷数度派兵征讨，却屡吃败仗，死约二十万人。作为由川入滇的重要通道的石门道（五尺道）被关闭——实为南诏据守，后五尺道不复往昔繁荣而转沉寂。

尽管南诏与大唐的对立让盐津这个僻壤之地成为前沿关隘，而数年的战争更是给这里人民的生产生活带来灾难性的冲

击。但不可否认的是，从滩头至豆沙关、盐津沿关河一带，迎来了史无前例的一次民族和文化的大融合，繁荣的中原文化以战争这种特殊而在古代却又是主要的方式涸染着这里的山川河谷。

阁罗凤死后，其孙异牟寻嗣位。关闭近半个世纪的五尺道关口重新开启，盐津乃至云南再一次迎来命运的转机。贞元四年（788年），剑南四川节度使韦皋招抚诸蛮归化，清平官郑回也劝异牟寻归唐。权衡利弊，异牟寻决计归唐。贞元十年（794年），御史中丞袁滋持节赴滇册封异牟寻为南诏，取道盐津。在石门（今盐津豆沙关），袁滋笔走摩崖，石刻记事。

此后，"宋挥玉斧，元跨革囊"。

关于宋太祖划大渡河为界之事，虽正史无记载，但北宋王朝与西南大理国相对相安无事当是确切的。《滇载记》说"云南三百年不通中国，段氏得以睨临僰爨，以长世焉"。李心《朝野杂记》有"马湖之地东南接石门，亦叙州徼外蛮"的记载，盐津小黎山飞来寺有明代马湖府界至碑，串丝有马湖村。此时的盐津县域隶属大理国乌蒙部石门。宋熙宁七年（1074年），夷人作乱，朝廷派江西罗杓平乱，罗杓平夷乱后，朝廷封其为乌蒙王。至此，盐津县域重归大宋版图，属乌蒙部石门路。

1253年，忽必烈率十万大军"乘革囊及筏"横渡金沙江攻打云南大理国。攻取大理后，蒙古"斡腹之举"的战略意图成为对南宋王朝南北夹击的现实。元朝建立后，置乌蒙路，隶属云南行省。作为滇川要道，尽管元代至元年间曾一度开浚关河水运，终究还是因叙州至乌蒙的水路异常险恶，往来行船多有沉溺而"捐盐津县境河道"。

可以说，整体上趋于大一统的宋、元两朝，是盐津相对稳定安宁的时期。在这几百年间，朱提江整体上航

千脚岩城——盐津

运亨通,帆影重重,今普洱渡、县城所在的盐井渡、豆沙关老码头渡口泊满往来商船;五尺道上,茶马络绎,一派繁荣。

到了明朝,乌蒙府改属四川川南道,盐津隶属乌蒙府。据《明史》记载,洪武十五年(1382年),沐英与傅有德平定云南、大败乌撒后,上奏朝廷将乌撒、乌蒙、芒部划归四川承宣布政司。傅有德等大臣吸取昔日唐军大败的教训,认为乌撒、乌蒙等地诸夷"无事则互起争端,有事则相救相

❶ 盐津出土汉代文物：五铢钱

❷ 盐津出土汉代文物：彩绘花瓶

❸ 盐津出土汉代文物：陶俑

援"，当"预加防闲，严为之备"。即便如此，虽然从行政区划上乌蒙等地归军民府统管，但实际的权力却掌握在土司手中。明英宗正统元年（1436年），芒部作乱，筠、珙诸夷望风从之，时任四川高县县令的赵彦只身前往劝谕，夷乱平息。崇祯年间，流寇蔓延，四川马湖府安鳌叛乱，据《绥江县志稿》载，"汉人大受蹂躏，逃避净尽，全境又为夷傈占据"。

直至清朝雍正五年（1727年），乌蒙府改土归流，隶属云南省。第二年，乌蒙府增设大关厅，盐津隶属大关厅，设盐井渡巡检。雍正九年（1731年），乌蒙土酋叛乱，平乱后改乌蒙府为昭通府，设大关同知。雍正十三年（1735年），大关厅同知张坦设立文景书院。与此同时，盐井渡一些有声望的乡耆也据资开设郁文书院。自此，盐津文教开始萌发。然而，直到光绪八年（1882年），大官厅才"移设学官"。

1859年8月，以李永和、蓝朝鼎为首的烟帮在盐津县牛

陶罐

寨真武山焚香结盟，拜旗起义。起义历时6年，义军转战滇、川、鄂、豫、陕、甘6省，人数最多时达30余万人。李、蓝义军起义与太平天国起义遥相呼应。李、蓝义军起义后，翼王石达开由广西、湖南进入贵州，取道云南攻取四川。同治元年（1862年）冬，石达开部被川军堵截，石达开辗转逡巡于盐津县牛鞞寨（今牛寨）、中木用、串丝坝、箭坝等地方。先后四

古高桥

进四川,终于1863年4月兵不血刃渡过金沙江,突破长江防线。

宣统二年(1910年),因盐井渡"地面辽阔,匪患日急",盐井渡留省学生赵令溶、陈秉仁、傅金铭、赵汝为、邱作霖、彭昌言、陈葆仁、刘为孝、陈显周、肖启明、刘广熏、陈少平、刘广鉤、陈毅、王都、梁镜渠奏请将盐井渡十四乡从大关厅分置出来设县。至民国元年(1912年)5月,盐津筹备设县行政委员会赵泽溥到任,才成立设县筹备公所。12月,省府派划界委员张吉鲲同大关厅沈钟、盐津筹备设县委员会委员赵泽溥召集大关、盐津上下游士绅在豆沙关开会,以黎山为界,析置新县,并定名盐津县。自此,盐津县正式设立,盐津进入到历史发展的新时代。

被历史遗漏的,我们再串缀;被时间湮灭的,我们再铭刻。千百年来,盐津在丛林覆盖的深山峡谷中艰难跋涉,在烟云浮沉的历史中发展衍生。沿着一条贯古通今的道路,盐津从远古蛮荒走向文明开化,从动荡不安走向和平安宁。

云南最早的天主教堂——龙台天主教堂神父墓

关锁南北,古道摩崖镂刻的一统明证

> "关",许慎《说文解字》上说"以木横门户"为"关",在后来的漫长的演变过程中,关字延伸出边关、关隘、关口等诸多义项。在"关"的背后,无论是帝王的江山、士子的抱负,还是亲朋的离别,或多或少都有一种阴柔的伤痛。

古镇时光

豆沙关在盐津县城西南二十公里外的悬崖峭壁上。

历史上的豆沙关是什么模样,浩瀚的史册里,与这里相关的记载只言片语,语焉不详。我们只能摸索着文字碎片,去试探悠远的历史时空中豆沙关的脉动。

豆沙关的悠久历史与五尺道有非常密切的关联。在与豆沙关有关的有限史料中,我们隐约可以看到,公元前250年左右,秦国的蜀郡太守李冰从僰道(今宜宾)开始,逆金沙江而上,向南开凿了一条古道。秦朝建立后,朝廷派常頞在李冰开凿的道路的基础上"略通五尺道",大约自此始,豆沙关五尺道旁便逐渐坐落出一个供往来人等歇脚的驿站。到了汉朝,汉武帝为征南越,派遣唐蒙"开石阁以通南中",这条路得到了极大延伸,直至建宁(今曲靖),全长两千余里。

隋时,朝廷又派遣法曹黄荣"领始、益二州石匠,凿石开石

豆沙关三官楼塔

豆沙关老照片

门道"。这也是豆沙关被称石门的最早记载。按《盐津县志》记载，"贞观四年（630年），并以此关名在盐津设石门县"，这个时候的豆沙仍存石门镇。樊绰的《蛮书》中有一段关于豆沙关地理形势的直接描写："石门洞崖石壁上，直上万仞，下临朱提江流。又下入地数百尺，惟闻水声，人不可到。西亦是石壁，崖旁亦有阁道，横阔一步，斜亘三十余里。半壁架空，欹危虚险。其安梁石孔，即隋朝所凿也。"玄宗天宝年间，石门道被关闭，史书记载了一句"鲜于仲通下兵南溪，通南诏之石门道闭"。事实上，这个时候的南诏与大唐处于对立状态，石门关是南诏在滇东北抵御朝廷军队的重要关口。直到贞元十年（794年），御史中丞袁滋奉命持节册封南诏，石门关才再次开通。

从宋朝末年开始，石门关这一名称便逐渐消失。往后，无论是《明一统志》，还是《云南事略》，抑或是《盐津县志》，关于豆沙关的记载要么含糊闪烁，语焉不详，要么考证推测，难以确证。

僰人悬棺

而"豆沙关"这一名称的由来,盐津流传着两种说法。其一是蜀汉时期,诸葛亮南征孟获,班师回朝取道盐津,途经豆沙关时,守关将领给诸葛亮出了一道难题:将豌豆与河沙混杂在一起,若诸葛亮能在三天之内将河沙中的豌豆分拣出来,便让其顺利过关。没料到诸葛亮竟然会想出用篾条编织筛子,一夜之间便把豌豆分离出来。于是,为了纪念这位大智大慧的蜀汉丞相,人们便称此关为豆沙关。其二是元代一位名为窦杓的将领在此守关,便以自己的名字来命名此关,即为窦杓关,因"窦杓"与盐津方言"豆沙"谐音,豆沙关便流传了下来。这两种前后时间相差一千多年的说法都被记录在一张纸上,框在高速公路旁一座楼阁里,供人们遥想品鉴。诸葛亮分离豌豆和河沙也好,窦杓以其名字命名也罢,其实都无据可查。民间愿意保留这样的传说,自有对一份智慧和美德的敬仰和期许。

然而,豆沙关曾经叫石门关是确实无疑的。有关就有戍关的士卒,就有安扎的营寨,就有民居和集镇。

在豆沙关这样一个两崖夹峙的地方，如今豆沙集镇所在地，定然是曾经兵戈频仍时期安营扎寨的理想之处，也是往来商贾歇脚汇聚的地方。如今的集镇还有昔日军营的痕迹。如地名营盘坡、汪家营盘、朱家营盘等。

从盐津县城驱车半个小时左右，沿着右边岔出的一条公路盘旋而上，直到半山崖，就是古镇了。尚未进入古镇，已有一种厚重的历史文化氛围迎面袭来。

如今的古镇并不古。2006年的夏天，一场地震震毁了古镇古朴简拙的建筑。眼前的集镇建筑，全是在那次地震后重新规划修

建起来的。然而，这并不妨碍人们探古觅幽。

从车站出来，有一个小小的广场。一座高大的牌门巍然伫立，朱阁飞檐，古色古香，门额"僰道春深"四个拓金大字异常醒目。有一条沟渠绕过广场，淙淙流水自一段石壁上跌落到下面的小水池中，珠玉乱溅，水声汩汩。水池旁边有古铜色驮帮塑像，或坐或站，手把烟筒或烟斗，神态安然。从塑像服饰上看，应当是民国时期的驮帮。

过石壁下水池后，才算是真正进入到民居集镇。排列整齐的居民住房虽然才建成十来年，却在风格上尽量保留着古镇的韵味，白墙青瓦，檐角飞啄。屋檐下，人们或喝茶，或打牌，或闲聊，或信步缓行。漫步在悠长逼仄的街道上，你能感受到的是一种区别于繁华都市的自然生态。不必匆忙，徐缓地一家一户看过去，或者什么都不必刻意，只是让身体的每一寸肌肤去感受悠远闲散的时光，让一些远逝的印象在似有若无的念想里隐约浮上来……

这里曾是滇蜀通道上供人歇脚的驿站。无论是自滇入川，还是自川入滇，南来北往的人们抵达这里前，都必然经过艰难的跋山涉水。当他们来到关前，看着前方夹峙千寻的断崖，旅途的劳顿必然又上一层。这时，豆沙集镇，这个悬崖峭壁上的驿站，袅袅炊烟、隐隐灯火一定给风尘仆仆而困倦的旅人带来几分家的温暖。歇歇脚吧！无论是打尖还是住店，在这个消解了悬崖和关隘艰险冷硬的地方，人们操着不同地方的口音，叙谈四面八方的趣闻逸事。千百年的濡染默化，形成了豆沙关乃至盐津兼容并蓄的文化。

关口上，峡谷河风吹动着号旗，戍守的士卒警惕着古道上往来的人；关河老码头停泊的大大小小船只被河水摇荡着；马店里，忙碌的伙计一边点起灯火，一边招呼客人；低矮的屋檐下，挑出的灯笼散发着柔和的光；旅馆里，劳累的旅客听着关河的水声酣然而睡……

豆沙古镇

思绪不着边际地飘忽着，猛一抬头，已然到了老马店客栈。从名字上就已能确信老马店客栈曾是往来于此的人们聚集的地方，定然也是曾经的古镇最热闹的地方。如今的老马店客栈同样也是豆沙集镇上较为上档次的客店。客栈大门开着，举步进入，铺着鹅卵石的天井里，有各样花草盆栽。这是一个四层的四合客栈，古色古香，精致又不失大气。楼道两侧挂着烙画，有花草鸟虫，有人物风景，这些烙画与客栈映衬得恰到好处。循着楼道爬上去，直到四楼，凭栏远眺，寿星山上云雾缭绕，山间人家若隐若现，心中油然生出人间仙境的感叹。

老马店客栈收藏有一些古物，其中有一方"进士"匾额，颇为珍贵。由于年代久远，匾额上除了两个苍劲沉浑的楷体"进士"犹可辨识外，其他文字都漫漶模糊。对豆沙关乃至盐津这种边陲小镇来说，出一个进士是极其不容易的，而能得到皇帝题字封赏，无疑更是光耀门楣的事。

特殊的地理因素和千百年历史的沉淀，再加上如今政府大力开掘豆沙关旅游文化，在豆沙关，几乎每一户人家都是一个店铺，僰道人家、记忆豆沙、盐津土火锅、有间面馆、怡心缘、豆沙豆花、梦圆茶坊、酒林之洲、轩梦缘、华轩书房……豆沙关人祖祖辈辈都习惯了商客旅人的往来，所以，对前来观光旅游或者旅途暂歇的人们来说，豆沙集镇家的感觉就显得自然而然。来了，不必刻意，不必拘束，由着心情和脚步行去，这些店名或朴素或典雅的人家，门开着，人笑着，走进去，喝杯茶，谈谈话，或者只看看，每一家人都温和而热情。

石门雄关

五尺道上的马帮

古道沧桑

豆沙关的存在与一条路有直接的关系,这条路就是五尺道。

五尺道是一条从僰道(今宜宾)至建宁(今曲靖)的古官道,全长一千多公里。这条纵贯乌蒙高原,连接滇蜀的道路,在两千多年的风雨历程中,诉说着千百年来朝代的更迭兴亡。帝王们的铁骑裹挟着中原的尘烟、西南的烽火从这里驰骋而过,朝廷的使臣在这条路上一批批来去,南来北往的商贾在这条路上络绎不绝。在奔流

不息的时光中,五尺道像一位安静的史官,在中国西南大地上,弯弯曲曲地书写着厚重的历史。只是,时间湮没了滚滚历史,沉寂了繁华烟云,也让这条古官道变得百孔千疮。

曾经一千多公里的官道,如今多已荒废。而盐津县豆沙镇的石门关前,尚保留着短短三百五十多米的一段。尽管只是三百多米,却是这条古官道迄今保留较长也最完好的一段。它像一位饱经沧桑的老者,安静地坐在时间的深处,断断续续地讲述着那些久远的故事……

豆沙关五尺道在豆沙古镇西端的悬崖峭壁上。走出豆沙古镇,走出红男绿女的时髦和古镇悠然安闲的时光,猛一抬头,

世界交通奇观——五道并行石门关

① 石门古道标
② 隋·古城堡

林荫深处，一座古堡赫然在望，门头"石门关"三个字苍劲浑厚。门洞那边，清亮的天光里潜隐着深邃的历史。

穿过门洞，一脚踏上五尺道，倏然跌入回流的时光。堆叠千年的光阴如晕染的水墨漫散开来，逼仄的峡谷刹那间显得空旷辽远。静沉于这深窄峡谷里五尺道上的两千多年的时光，突兀地呈现眼前。

面对眼前的五尺道，一连串的疑问和惊叹也就随之而来，是谁第一个将人类的脚印留在这坚硬冰凉的岩石上？远古先民何以要在这天险之处走出一条路来？千百年来，这条路都有哪些人走过，发生了哪些不为人知的故事？……历史的尘烟过于厚重，掩去了太多的真实。在民间口口相传的传说和皇皇史册关于五尺道的只言片语中，一条道路的开辟和运转显得模糊而神秘。

是谁第一个将人类的脚印在这里留下？有一种说法，那个魂化杜鹃的古蜀王杜宇带着部族从千顷池（今昭通）北上入蜀，就是取道盐津，而今天的豆沙关，是必经之道。这个观点的依据是民间传说，自然真假无凭。那时的盐津大地上定然是古木参天，荒草遍野，人烟稀少，土地荒芜。古朱提江带着湿重的瘴气穿过峡谷丛林，毒虫猛兽在两岸出没。幽暗黑森的密林中，野兽的叫声隐隐传来。散落的古僰先民在丛林中繁衍生息，时时警惕着猛兽的袭击。路，是没有的，哪怕是一条荆棘丛生的毛路。一路披荆斩棘，攀藤跃沟，历尽千辛万苦，当杜宇和他的部族过了今天大关的吉利镇，抵达豆沙关，陡然呈现在眼前的，是斧劈刀削般耸入云霄的断崖，滚滚朱提江水拍击着冰冷的崖壁。先前的一切艰难险阻，瞬间都轻了下来，轻得不值一提——这里断无前行之路！然而，退是不可能的了，唯有前行。朱提江流向的远方，有未知的希望，有巨大的诱惑。于是，大自然造化出的千寻断崖，第一次留下了人类的足迹，每一个脚印，都那么的艰难谨慎，颤颤巍巍。

古镇古渡的存在，人类的繁衍生息，从某种程度上说，都得益于这条路的存在。而传说中的远古，遥遥得等不及史家着半点笔墨，我们也无法确证这些传说的真实性。

自蜀王杜宇率领部族经过这里后，时间再次缓慢下来，这里又一次归于原始的蛮荒。直到公元前250年左右李冰的到来，再次打破这里的沉寂。后人知道并记住李冰，是因为都江堰。都江堰的修建，让旱涝无常的四川平原成了富庶无忧的天府之国，也为后来秦国吞并六国统一天下提供了源源不断的物力支持，解除了秦国的后顾之忧。或许，李冰不会想到，他父子二人主持修建的都江堰，不但为秦王朝的建立打下坚实的基

具有两千多年历史的五尺道

础,更重要的是,两千多年来,都江堰依然荫庇濡养着世世代代的中华儿女。两千多年来,都江堰的"二王庙"中,香火不断,香烟缭绕。人民永远记住并一直纪念的,一定是那些真正为人民谋福祉的人。

李冰父子开凿的僰道是否与五尺古道同为一道,或者是五尺古道的某一部分,我们不得而知。盐津人始终坚信,是李冰父子最先"积薪烧岩"开凿了这条通道,而涉及五尺道的相关文章也都认定五尺道开通,李冰父子居功至伟。

从情感上来讲,我们愿意相

信这几乎众口一词的流传。在自然条件如此险恶的地方，李冰为何要开凿这样一条路？或许，这或多或少在昭示秦王一统天下的野心。蜀地沃野千里，蜀中既已安定，秦王将目光投向更荒邈的西南边陲。于是，李冰父子开始了自今宜宾至昭通的道路开凿。如果说都江堰的修建展现的是空间的广度，僰道的开凿体现出来的却是空间的长度。都江堰修建纵然工程浩大，毕竟人力物力集中，便于操作；而僰道的开凿却是完全不同的工程，看起来似乎并无都江堰那么恢宏大气，然而由于人力物力都较分散，战线长、时间久，工作的开展难度并不会亚于都江堰。只是，道路的存在形式和堰坝的存在形式的不同，使得其给人们带来便利的直观感受也不同，所以，人们更多记住的，是能灌溉千亩良田的都江堰，而对于脚下沉默的通道，几乎很少有人会意识到它的存在。

《史记·西南夷列传》中有"秦时，常頞略通五尺道，诸此国颇置吏焉。十余岁，秦灭"的记载，这一记载的关键信息是秦王朝在西南设置治所，安置官吏，也就是说，"诸此国"正式归于秦朝的统治之下。

与约三十年前的李冰首开道路相比，有了路基，常頞的"略通"显得简单多了，他只是率领士卒在李冰所开道路的基础上，拓宽道路到五尺。自此，五尺道成为内地入滇的大通道，也成为后来茶马古道的重要组成部分，同样是西南丝绸之路的重要组成部分。它连接的，不仅仅是内地到云南到南亚、东南亚的空间上的距离，更是从古至今文化交融传承的时间距离。

想要万岁的秦始皇，在其五十岁的年头上死了，秦王朝的战车没有来；想万世的秦王朝，在其王朝建立十多年后的秦二世任上灭亡了。在时间面前，人类对不朽的渴望显得那么脆弱。秦王朝没了，而五尺道还在，秦始皇不会想到，他铺开的路，会成为大汉中兴、延展版图的通道。

公元前135年，即西汉孝武建元六年，五尺道上又走来一个重要的人——唐蒙。这回，唐蒙的使命既是修路开道，又是率领部队借道五尺道，绕至南越后方，形成对南越的合围夹击之势。

唐蒙修整拓展的这条路，史书上称其为"南夷道"。这一次道路的延伸，带来的是汉王朝版图的拓展和文明的进一步传播。在这条官道上，中原文明与西南文明碰撞交融，并不断发展和丰富，积淀为独特的朱提文明。

豆沙关五尺道军事意义上的重要性是随着王朝版图的拓展不断被凸显出来的。到了隋唐，豆沙关"一夫当关，万夫莫开"的地理优势开始体现出来。隋朝开皇年间，西南爨氐叛服靡常，朝廷数度平乱，先后派遣韦冲、王长述、史万岁等人讨爨。尤其是唐玄宗时期的相当长一段时间里，因为与南诏的对立，石门道被关闭，而这里更是成为南诏据守以抗大唐王朝的天险雄关。

历史在前行，行走在这条古道上，我们更愿意相信，将这坚硬冷峻的岩石磨洗得光溜可鉴的，不是帝王一统天下的雄心壮志；在这条古道上留下243个马蹄印的，不是帝王征伐的战车。是时间，以及在时间的光影中绰绰约约南来北往的茶马驮帮。

头顶是耸入云天的绝壁，崖底是滔滔流过的关河，而脚下，因为有了五尺道，每一脚下去，都厚重而沉稳。驼铃声悠远绵长，和着滔滔关河水，从历史深处而来，有空间的宽度，时间的长度。僰道、五尺道也好，南夷道、石门道也罢，名字变迁的背后，是帝王的江山，文臣武将的功

石门关长联之一

五尺道马蹄印

名。当历史一页页翻过，无论是帝王，还是文臣武将，所有追求不朽的人，都被湮没在岁月的洪流中，只有这样一个关隘，这样一条道路，千百年来，任谷底的江水滚滚而逝，任穿行的人流南来北往，它依旧如是，谦卑又高傲、轻渺又沉实。

走在五尺道上，山风呼啸而过，关河水滚滚而过，悬在崖顶的天空白云悠然飘过，仿佛听见戍关的号角呜呜吹响，征伐的战鼓咚咚震荡。时间带走了一切，也留下了一切。

多年前，曾有过一次重走五尺道的经历。从盐津县城出发，入张家沟，爬上老黎山山脉，过会同溪，抵豆沙古镇。站在老黎山山脉顶，看着惊涛巨浪般耸涌奔腾、绵亘千里的苍茫群山，脑海中浮现出《三国》中陈宫临刑前的一段场景：身旁是刚刚铲除吕布踌躇满志的曹操，身后是手提刑刀的刽子手，拒绝了曹操的挽留，看着眼前的苍茫大地，陈宫慨然长啸"大好河山"，而后慷慨赴死。行刑后，曹操看着苍茫大地长啸"河山大好"。一个悲壮，一个雄壮，同样的场景，同样的四个字，不同的两个人说出来，却反映出迥然各异的心境。于陈宫而言，沧海横流，山河破碎，王朝飘摇，自己空有一腔抱负万丈雄心，终究无力回天；于曹操而言，大权在握，异己荡除，大好河山，正好逐鹿。只是，对曹操和陈宫而言，有一点一定是相同的：江山多娇，山河堪恋！

摩崖刻史

五尺道旁的崖壁上，有一方石刻，即袁滋题记摩崖石刻。石刻高约1尺8寸、宽约9寸，共8行122字，直式左行："大唐贞元十年九月廿日，云南宣慰史内给事俱文珍，判官刘幽岩，小使吐突承璀、持节册南诏使御史中丞袁滋、副使成都少尹庞颀，判官监察御史崔佐时，同奉恩命，赴云南，册蒙异牟寻为南诏。其时节度使尚书右仆射成都尹兼御史大夫韦皋，差巡官监察御史马益，统行营兵马，开路置驿，故刊石纪之。袁滋题。"

千百年来，日晒雨淋，残泐浸蚀，所幸的是，石刻犹留存完好，文字清晰。这一段石刻，虽然宋时王象之的《舆地纪胜》、明代曹学佺的《蜀中广记》都

石门关长联之二

滩头小河口石刻

曾提及,然而,由于豆沙关处僻壤之地,仍旧极少有人知道。直至清光绪元年(1875年),一个叫谢文翘的人路过这里,写了一首有序文的五言古诗,袁滋摩崖石刻才逐渐流传开来,为世人所知。

关高百仞,关上绝壁,有贞元御史中丞袁滋等奉命册南沼,时节度韦皋,差巡官马益,统兵马开路,至此摩崖晗见中。楷字左行七行,末署小篆袁滋题三字。

梁州古要荒,自昔阻声教。
乌蒙尤奥区,险塞无人到。
有唐韦南康,帅蜀绥南诏。
册命异牟寻,遣兵此通道。
艰危苦途穷,绝壁关耸峭。
徒步行不得,逾岭况舆轿。
刊石纪岁月,终焉弃荒徼。
载历宋元明,日月所未照。

圣朝檐威棱，陬澨咸复冒。
碎碣及残碑，搜索无隐懊。
斯迹委岩阿，母乃樵夫笑。
吾乡文献稀，摹拓贻同好。

一首《黄鹤楼》诗，让黄鹤楼名载千古；一篇《岳阳楼记》，让岳阳楼的博大襟怀濡染了多少仕途不顺的士子失落的情绪；一副《大观楼长联》，让五百里滇池上的苍烟落照典藏了千年时光……没有文字，历史的延续、文明的传承、精神的孕育都免不了成为虚无。

谢文翘，昭通人，进士，清末刑部郎中。一段平实的文字，让被湮没在历史烟云中的袁滋摩崖石刻重新绽放异彩。当然，除了留下这段文字，谢文翘先生做的另外一件更能直接宣传摩崖石刻的事是"摹拓贻同好"。在当时，还有什么能够比摹帖拓片更能直观地向世人呈现出袁滋摩崖石刻？千百年来，多少人在石刻前的古道上来了去了，却几乎没有人将目光投向这方石刻，更鲜有人为之驻足，在这短短一百多字里回望历史。谢文翘先生的诗文和拓片，是袁滋摩崖石刻第一次在历史长廊中真正意义上发出历史的回响，

天宝战争碑文

引起共鸣。

1956年,豆沙关尚属大关县,大关县文化部门的某人以保护的名义,将袁滋摩崖石刻从石壁上截下来。幸运的是,这次"保护"没有对石刻内容造成太大的影响。1960年,豆沙关划归盐津县管辖。1963年,政府在摩崖前建亭保护。1965年1月,成为云南省第一批重点文物保护单位。1988年1月,成为第三批全国重点文物保护单位。

20世纪30年代,云南著名文史学者梅绍农先生经豆沙关,面对石刻,回望历史,有感于袁滋等人南诏之行,写了一首《豆沙关袁滋题名歌》,最后四句说:"豆沙关上云悠悠,题名字字有千秋。千秋文物应常在,留与祖国护神州。"好一个"千秋文物应常在,留与祖国护神州"!袁滋摩崖石刻的历史价值正在这里。

据《新唐书》记载:天宝八年(749年),南诏王阁罗凤携王妃至成都谒见剑南节度使,途经姚州,入驻姚州都督府。作为大唐派守姚州的最高长官的张虔陀接待了阁罗凤一行。《资治通鉴》中记载,张虔陀见阁罗凤王妃貌美非凡,便心起淫念,欲"私人之妻",反被王妃打伤。恼羞成怒的张虔陀对阁罗凤"多所征求","遣人詈辱之",向朝廷"密奏其罪"。没有人会想到,是一

唐·袁滋题记摩崖石刻

个卑鄙无耻的小人为一个让人不齿的欲求引发了南诏与大唐的战争。几番隐忍仍遭张虔陀变本加厉诬告图谋不轨的阁罗凤最终忍无可忍，于天宝九年（750年）率军反唐，"攻陷云南，杀虔陀，取夷州三十二"。天宝十年（751年），性情急躁却深得杨国忠信任的剑南节度使鲜于仲通统兵八万，自戎州（今宜宾）出发，兵分两路，直取云南。浩大的声势给寡仁少智的鲜于仲通带来的不是胜利，而是惨败。唐兵死者十万人，鲜于仲通"仅以身免"。天宝十二年（753年），沉溺于淫乐中的唐玄宗在杨国忠的挑唆下，再次遣兵征伐南诏。755年，在阁罗凤诱敌深入的战略部署下，唐将李宓将兵深入太和城，最终大败，全军覆没。把持朝政的杨国忠将唐军的惨败以大捷上报朝廷，并变本加厉地征兵讨伐，搞得民不聊生，饿殍遍野。

这次战争，史称"天宝战争"。可以说，天宝战争给大唐王朝带来的影响是致命的，在这场旷日持久的战争中，大唐王朝元气大伤，国库空虚，既将南诏推向吐蕃，失去了对云南的控制，又为接踵而来的安史之乱埋下了隐患。

天宝战争使得石门道关闭了将近半个世纪。贞元十年（794年）春，异牟寻与崔佐时在苍山盟誓，并将誓文拟出四本，一本上呈朝廷，一本放置在苍山下神祠的石函内，一本供奉祖庙，一本藏于府库警示子孙不背逆侵掠。而后，与韦皋合兵击败吐蕃。

虽然异牟寻在归唐一事上已经表现出足够的诚意，但当朝廷要派遣册封南诏的使臣时，还是遇到了麻烦，满朝官员都"以西南遐远惮之"，唯独袁滋不推辞，并请命持节册南诏。

六月，袁滋一行从长安出发。经过三个月栉风沐雨的艰难跋涉，穿过难于上青天的蜀道，袁滋一行于九月二十日来到石门。从大唐长安到南诏阳苴咩城（今大理），迢迢千里，袁滋为何只在石门关的石壁上题字纪事？这绝非偶然。

天宝战争后，石门道为南诏所控，石门关成了南诏对抗大唐的前沿关隘。袁滋一行抵达石门关时，戍守在关口上的是南诏的士

唐摩崖保护亭

兵。头顶，两崖夹出一线天光，深秋的烟雨纷纷扰扰；谷底朱提江激流奔涌，拍击着冰冷的岩石；身前，戍关的南诏士兵横枪荷戟，神色凛然。如果说一路行来，尽管山高谷深，路途艰险，袁滋的心情还算平静的话，那么，站在石门关前，袁滋的心情一定是复杂的。四十年前的天宝战争倏然之间如在眼前：溃败的大唐军队死伤士卒的鲜血染红了滔滔江河，残兵剩卒的哀号在峡谷间回荡。而遥远的北方长安，歌舞升平，酒池肉林，被杨国忠蒙在鼓里的玄宗皇帝，拥着"回眸一笑百媚生"的杨玉环，耽于春宵，荒却早朝……继之而来的八年"安史之乱"和五年"奉天之难",更是让曾盛极一时的大唐帝国彻底走向衰弱……过了石门关,也就走出了大唐帝国的疆域,进入到南诏的土地。站在关前,展望南诏,吉凶难料,生死未卜;回望长安,烟雨迷蒙,高山若堵。一声长叹后,"工篆隶,有古法"的袁滋提起笔来,在大唐和南诏交界的石门关悬崖峭壁上留下了122个古拙苍劲的纪行文字。

袁滋没有想到的是,异牟寻给予了册封使团极高的礼待。樊绰的《云南志》中记载：自安宁城经曲驿,过欠舍川、云南城,至白崖城,次龙尾城,入阳苴咩城,沿途官吏出迎,百姓列拜。异牟寻更是盛装出阳苴咩城五里迎候。册封完毕,袁滋一行回朝复命,异牟寻更是派遣清平官尹辅酋等十七人送至石门。

自此,由历史小丑张虔陀为"私人之妻"而引发天宝战争导致大唐与南诏的分离对峙最终总算有了一个完美的收场,沉寂了近半个世纪的五尺道恢复了往日的繁荣,马帮驮铃的声音再次在朱提江畔响起。南诏的叛唐与归附,也有力地印证了国家的统一才是民族繁荣、人民安乐的根本。

一千多年来,史官们手中的笔百转千回,厚重的史籍一页页翻过。岩间的草木年年枯荣代谢,天上的流云依旧来去舒卷,时间模糊了王朝背影,风雨剥蚀了古道石级,被史官们遗漏的袁滋摩崖石刻,与远在大理的南诏德化碑遥相呼应,始终共同昭示着民族团结、国家统一的伟大意义。

普洱冷水三宝山石刻（明）

古渡普洱，渡口往事与荣耀迷雾

> 关河是盐津的悲欢，在漫长的历史流程中，无论它曾经被叫过什么，称作什么，只要它存在，它就以它的沟壑深切，悬崖危耸，迂回曲折，激流震荡来诉说着历史。

航运·古渡·老街

云贵高原历来就是危崖碰挤，山巉谷深，陆路异常艰险。所以，关河成为历史上川滇交通的重要孔道是必然之选。可以说，关河水路和以五尺道为主干的陆路，在中原文化、巴蜀文化、夜郎文化和朱提文化相互影响融合的过程中起到了不可缺少的重要作用。而水道航运更是直接催生了盐津县沿江乡镇的建置发展。

关河航运的极盛是在明清两朝时期。除开民间商贸往来，关河航运史有两件最重要的事情与朝廷直接相关。一是皇木晋京，一是京铜济运。

明朝时期，京城广修宫殿，朝廷多次派人到盐津砍伐楠木。今滩头乡界碑村方碑湾有明代题记摩崖两件，分别记了明洪武八年（1375年）和永乐五年（1407年）两次大量伐木的事情："大明国洪武八年乙卯十一月戊子上旬五日宜宾县官都

领夷夫一百八十名砍剁官阙春楠木植口一百四十根"，"大明国永乐五年丁亥四月丙午日叙州府宜宾县官主簿陈典史何等部领人夫八百名拖运宫殿楠木四百根"。这两次所伐之木运输上采取了漂运的方式，将砍剁的木头投放关河之上，顺水漂流，进入金沙江，沿长江而下，再通过运河拖运送抵京城。清朝时，康熙年间建殿建陵，在今盐津、永善、大关、绥江和四川屏山等地多次大量采伐皇木。忙碌的关河和堂皇的宫殿背后，流淌浸透着边地人民辛酸之血泪。

其二是铜运。清朝建立后，在乾隆年间，为充实国用、筹措饷银等，朝廷对铜的需求量激增。其时，云南东川所产之铜，大部分运往京城。关河成了东川京铜入京的重要通道。东川知府冯玉骢有一首关于京铜经关河入京的诗歌："天府频年鼓铸多，铜铅捆载历关河。铃声镗鞳搅清梦，恍听燕山走骆驼。"乾隆七年（1742年）三月，云南总督张允随给朝廷的奏疏中说："昭通府地阻舟楫，物贵民艰。查盐井渡水达川江，可通商运。自渡至叙州府安边汛七十二滩，惟黄角漕等十一险滩宜大疏浚，暂须起驳，余只略修，并开纤道。其自昭通抵渡，旱路崎岖九处，开广便行。现运铜赴渡入船，脚费多省。以积省之费，开修险滩，帑不糜而

古渡普洱镇

功可就，不独昭、东各郡物价得平，即黔省威宁等处亦可运米流通。"三年后，张允随给朝廷的奏报中又说："大关境内盐井渡通船河道，与金沙江相为表里，经奏请借动陆运铜脚开修，凡阅三载，业已工程完竣。铜运坦行，商货骈集，克收成效。"张允随的建议带来的显著效果是关河疏浚，航运畅通便捷，铜运成本降低，也直接促进了川、滇、黔等地的物资流通，文化汇融。

航运的开通和驿渡的设置使得关河两岸商贾云集，商号毳殿、盐仓、客栈、马店殊多。其中盐井渡和普洱渡特甚。

在盐津，以"渡"命名的乡镇有两个，一个是盐津县城所在的盐井渡，一个是在盐津县城北方距离老县城二十余公里

普洱天生桥

❶ 普洱真武山风光

❷ 普洱老码头遗址

外的普洱渡。其实，曾经涛流滚宕、帆影往来的关河，沿途渡口颇多，民国《盐津县志》所记渡口名称就有十七个之多。只是随着社会的进步，交通的发达，加上朱提江湾多滩险，曾经作为由蜀入滇的主要交通方式之一的水道航运便渐渐退出历史舞台。

虽然古渡不再，但因古渡而繁荣起来的集镇还在。其中最为典型者当属普洱渡。

如今的普洱集镇主要沿昆水路两边修建，昆水路穿镇而过，这里是川滇交通上的重要驿站，颇为繁荣。在昆水路开通前，普洱集镇主要在对岸的椅子山脚。关河东南，普洱与上清河、串丝河汇合后，突然折向东北，经滩头入水富横江，

普洱老房子

普洱老茶馆

在水富县城与金沙江汇合。三江汇合，关河迂折，仿佛一双巨大的手，将普洱渡古集镇捧了起来。得天独厚的地理优势和自然条件让古集镇商贾云集，繁荣非常。而古集镇也以宽和的胸怀接纳着往来客商及天涯旅人。

新集镇和老集镇隔河相望，普洱渡吊桥横跨关河上，将两集镇连为一体，也将普洱镇的过去、现在和未来连接起来。人在吊桥上走过，晃晃悠悠，像是浮在河面上的舟筏。吊桥是有温度的，扶着吊桥，看着关河滚滚而来，又滚滚而去，吊桥的脉搏便在这来来去去之间跳动着，微弱却直抵心灵。河面上，船只满渡的繁华景象早已不再，只在岸边留下几座冰冷坚硬的巨石，被水冲刷拍击着，深凿的挂锚榫痕像一张张沉默的嘴，无声叙述着关河上的故事。

从新集镇过吊桥进入老街，似乎从现代的喧哗纷扰中突然回到清净安闲的旧时光。尽管古集镇房屋几乎已经全部翻修，但并未影响到它的幽静雅致。这里没有车辆拥堵，没有鸣笛乱耳，有的，是茶馆。有多少茶馆？多年前有人曾统计过，38家。老少男女挤满茶馆，喝茶、打牌、聊天……茶馆是黑的，人是白的，这黑与白，将老街装帧成一张褪色的老照片。这里最大的老茶馆在街道一个斜坡前，这里依然保留着原来的木质建筑。茶馆前有一排长长的光溜可鉴的石级，据说石级下埋藏着一块石碑，有文字——尽管几番打听，也不知石碑的内容及功用。老茶馆有三个硕大的门洞，每个门洞有六块门板。门柱和门头的壁上斑斑驳驳地沾满了废旧的纸屑。门洞前的桌旁，围坐着几个衣着简朴的老者，泛黄的银色铝质茶缸里，茶气蒸腾。走进老茶馆，里面横七竖八地摆放着十多张桌子，每张桌旁都围坐着人，打长牌、搓麻将、侃大山。年年如此，天天如是。

傍着一桌老者找个空位坐下来，要一铝缸大叶子茶，用一个下午的时光，一边喝茶，一边听老人们讲有关张司令李营长的龙门阵。故事内容常常张冠李戴，含混其词。只如花生瓜子般是茶客们喝茶的调料。

或者，出茶楼来，到街对面的大河旅馆坐坐。旅馆门前摆着一个小小的玻璃柜，上面放满了香烟和矿泉水。旅馆的主人是一对年过花甲的老夫妇，老者捧着茶杯，悠然坐在玻璃柜前，看街道上熟悉的或不熟悉的人们来来往往，看对面老茶馆的人们进进出出。屋内，老妇人正蹲在堂中天井里洗衣服，阳光从屋顶飞宇檐亭上漏下来，正好落在老妇人洗衣服的地方，屋内便愈加显得幽深静谧了。也许是习惯了陌生人的进出，也许是旅馆的特殊功能默化了主人的性情，对于游客的到来，老年夫妇并没有表现出不一样的惊讶，而是平静而礼貌地沏茶招呼客人。大河旅馆是普洱镇保留最完好的古房，共有三层，全

是木构建筑。攀着天井处的楼梯盘绕而上，楼顶留出一块透光的空间，其上搭建一个亭宇遮挡雨水。大河旅馆最初的主人是谁，老者也说不清楚，中华人民共和国成立后，大河旅馆收归公有，再往后，几番辗转传递，到了如今主人的手里。

在普洱镇老街，最能体会川滇文化对盐津人集体性格形成的影响——四川人的精干闲散与云南人的爽朗耿直在盐津人身上得到了很好的融合。在这里，喝茶、打牌是大多数人工作劳务之余的生活日常，好像从来没有什么事情是必须急急慌慌去做的。然而，在待人接物上，盐津人却秉承了云南人粗放直爽的性格。

离开老街时，已然黄昏。关河对岸，霓虹掩映下的蘭圆商务特别醒目。那一刻，古渡吊桥就是一条穿越时空隧道的通道，连接古今，连接着两种迥然相异的生态——这头古雅静谧，那头热闹繁华。而关河，涛声依旧！

时间成就了一切，也湮没了一切。航运远去，古渡残存，古镇依旧，沉淀下来的，是根固在这片土地上、流淌在一代代盐津人血脉里的文化脉动！

夷都山·古墓·荣耀

在盐津，最不缺的是山。盐津的大多数山峰，就其先天的自然条件而言，如果生长在中国的任何一个平原地带，都极有可能成为驰名古今的名山。中国的山多，成为名山的也不少，而这些成为名山之所，除了具备巍峨雄健或峭拔险峻等得天独厚的自然条件外，更主要的，是因为有了人的参与，有了文化的注入。可以说，千百年来，文化的负载与象征已使名山的自然景观退居其次。人们对名山的拜访参观，多是因了文化蕴藉和人文内涵，而后才附带着观光赏景。于是，拜访便有了某种朝圣的味道。

夷都山乌蒙王府遗址

夷都山风光

遗憾的是，千百年来，由于蜀道险阻，远离中原，即便是古代被贬谪的官吏，也都几乎到达不了荒遐僻壤之地。盐津天生丽质的山山水水，也就没有受到历代骚人墨客的青睐，没有在雅士文人的诗文中出现并流传。山只是山，水也只是水，没有文化的注入与负载，山水的灵动终究不过沦于静默中的孤芳自赏。

夷都山乌蒙王疑冢

对盐津人而言,本地的名山也不在少数,比如大佛山和老黎山。按盐津人的说法,这两座山在文化品格上分属佛山和道山,原因是大佛山上有庙宇,老黎山上有道观。而盐津这箭镞般层层叠叠高耸的群山中,说到厚重,恐怕当属夷都山了。

夷都山在普洱镇北边,临关河,与椅子山隔河相望。夷都山何以叫这个名字?有人说,"夷"就是"彝","都"就是"都城",合起来的意思就是这座山曾是彝族人的都城。这样的解释明显有附会之嫌,但既然有此一说,也许并非空穴来风。

从普洱镇驾车去夷都山,沿盘山公路而上,沿途散落着一些人家,路边堆放着一堆堆油菜花枯梗。从随行的普洱镇文化站朋友的口中约略知道,每年油菜花盛开的时节,这里的游客络绎不绝。今年年初,这里还举办过全国山地自行车赛。不需多时,便抵达小洞村,久蛰峡谷的压抑心情倏然开朗起来。小洞村在一片

耆老将军墓雕刻

较为开阔的缓坡地带，山环水抱，居高临下。每年二三月间，油菜花竞放，这里被染成一派金黄，蝶舞蜂忙，游客往来。尚未插秧的层层稻田，云影天光倒映其中，如一面面硕大的天镜。人行其间，如游天上。

车在一个林荫掩映的弯道处停下来。走下车，路边有一座新塑的石牌，移步过去，是政府保护乌蒙王疑冢的一方石牌，上面有一段介绍的文字："乌蒙王疑冢位于普洱镇小洞村夷都山石马埂，建于明代。墓用封土覆盖成丘状，墓前立石碑，半圆形碑帽，碑面无文，浮雕二龙抢宝及云纹图案。墓前左右两侧立石狮、石马、石羊各一对，雕刻粗犷，造型生动古朴。此墓传为宋代乌蒙王阿杓墓。墓对研究地方史及民族史具有较高的参考价值。"石牌旁的土丘上树林繁茂，蓼叶丛生。

沿着一条清幽的土路往上百十步，一片空地出现在眼前，

乌蒙王疑冢就在这里。坟墓本身已成空冢，墓门洞开。墓内条石刻錾纹路依旧清晰，墓壁上刻绘着精美的图案。疑冢正前方立着一块近五尺高的褐色无字石碑，碑面斑驳，碑帽粗线条地镂刻着二龙抢宝的浮纹。碑前两侧的空地上，对称地立着石狮、石马、石羊雕塑。不管是否为乌蒙王之墓，从疑冢的规格上可以想象得出其主人一定有着较为显赫的身份。

唐朝时期，东爨乌蛮中的一支在部落首领阿统的带领下，告别故土，大规模的迁徙。他们横渡金沙江、牛栏江，翻山越岭，沿着五尺道，顺朱提江而下，在夷都山河谷僰人曾经耕种过的土地上安定下来。到了11世纪，乌蛮逐渐强大起来，号称"乌蒙部"。宋朝时期，该部落首领叫罗杓，也称阿杓。阿杓原名罗星，为汉族血统。阿杓自幼习武，聪慧过人，长大后从军，任大将军王宣的副将，驻守西南边防戎州。宋熙宁年间，乌蛮叛乱。熙宁七年（1074年），阿杓奉命征讨，因为平夷乱有功，朝廷封阿杓为王，赐姓禄，即第一位乌蒙王。盐津大姓罗氏修于明景泰四年（1453年）的《罗氏家谱》中有这样一段记载："我罗氏世系，江西吉安府汲水县名族人也。其先在江西省不可纪，而宋时入籍滇南，为乌蒙帅。……神宗熙宁七年，朝廷命戎州别驾熊本讨泸夷，枭之。遣大将王宣等进剿，而柯阴等部乞降……罗氏从征有功，皆愿世为汉官，遂封吾祖罗公讳杓为乌蒙王。"这一记载与正史所记出入很大。

在阿杓之后，其后人在相当长一段时间里承袭着乌蒙王的敕号和待遇。

在夷都山上，距离乌蒙王疑冢不远的地方有两座古墓，一是东南的镇远将军墓，一是西南的耆老将军墓，是盐津县重点文物保护单位。镇远将军墓墓碑上原是有文字的，只因年代太久，风侵雨蚀，如今碑文漫漶难辨。耆老将军墓墓室规模比乌蒙王疑冢大很多，其墓室建制更恢宏，雕工更精细。墓前残存的半截石碑上有

耆老将军墓内雕刻

"□□□龍部山歷代冠带耆老之墓"字样。据《盐津县志》载，阿杓后人于元代至元年间"封为耆老将军指挥使"。

乌蒙王疑冢前一百多米的地方，有个占地面积达3500多平方米的古代建筑遗址，被盐津人认为是乌蒙王府遗址。遗址中心是一片用石板镶嵌的台面，地表遗存物有柱础35个，其中最大的直径55厘米，厚15厘米，圆边浮雕云纹。从遗址占地和残留的石条、石槽、石磨等上，一座气势恢宏的王府似乎就要浮现出来。只是如今遗址荒草丛生，昔人已去，王府不再。

站在王府遗址上，眺望俯瞰，苍山如海，关河如带。中国人向来看重风水，这是一个山水形胜的风水宝地，难怪会成为古时显贵人家（乌蒙王）建府筑墓之地。

突然想起马可·波罗完成使命回京复命途经盐津的事来。马可·波罗回京选择走五尺道，经豆沙关、普洱，翻夷都山，过金沙

江抵达叙州。在《马可·波罗游记》中，有一段据说是与夷都山有关的描写："秃落蛮是东间之一州，居民是偶像教，自有一种语言，臣属大汗。其人形色虽褐色而不白皙，然甚美，善战之士也。有环墙之城村者甚众，并有高山天险。"从昭通至叙州，数百公里行程，唯独这里被惜墨如金的马可·波罗记了下来，大概是因为这里关山险峻、城郭井然、民风淳朴的缘故。

不管怎么说，对盐津人而言，无论墓葬和王府遗址背后的真相如何被历史的尘埃掩盖，夷都山曾经的无上荣耀是毋庸置疑的。

乌蒙王疑冢内室

乌蒙王疑冢内室壁画

箭坝·田园·牧歌

从普洱集镇过跳桥，沿麻水线前行大约三里，即上雷坪段乡道。去箭坝村，公路逆箭坝河随山势蜿蜒盘旋而上。回望来处，不远处山脚下，普洱集镇如群山环围起来的璀璨明珠，了然在望。满目青山绵亘千里，直抵天际。

越往前行，路边渐渐出现稻田，在斜坡上层层叠叠。时值农历三月，青秧尚未满田。稻田积水，空明如镜，阡陌纵横，水天交映，蔚为可观。三五农人插秧其间，闲歌欸乃，响动山间。此刻，心是平静的，再匆忙的脚步，都愿停留下来。农人们躬身插秧，如信徒虔诚叩拜，人在水中，天在头顶，路在脚下。在他们缓慢而绝美的行进中，脑海中又一次出现那首《插秧歌》来："手把青秧插满田，低头便见水中天。六根清净方为道，退步原来是向前。"此情此景，回归，也许该是奔波于繁华世界里的我们最熨帖的心念。

恍惚中，车过新近落成的异地搬迁安置点，箭坝村便在眼前了。

走进箭坝老街，右边有两排古朴的民房，是当年赵家旧居。清朝咸丰十一年（1861年），赵氏由江西吉安府安福县

新村来到箭坝，在河湾处购置土地，修建房屋定居下来。箭坝本是昔日叙府（今宜宾）南下朱提（今昭通）的五尺道上的一个驿站，也是坪头山至盐津县城的主路，随着赵家迁入，修街道，开油坊烟馆，箭坝便慢慢热闹起来，而赵家也因此开始发达起家。道光年间，赵廷恺、赵廷献先后中举。赵从龙为清廷授正九品官职。进入20世纪，赵师孝、赵师伟兄弟出身书香世家，生于斯，长于斯。赵师孝幼年在家读书，约于1923年考入昭通学校；1925年秋，考入昆明模范高中（双塔中学）；1927年2月，加入中国共产党；1928年回盐津，开办了一个小型图书馆，向青年学生传播马列主义；1929年，考入成都释放大学学中国古代文学；1933年，在盐津各界纪念"阵亡将士"大会上发表演说，反对贪官污吏，号召支援抗战；1938年冬，被盐津绅士控告为赤色分子受到排斥打击；1939年正月病逝。《盐津县文史资料·赵师孝评述》中说赵师孝是盐津县"第一个参加共产主义青年团的同志"，也是盐津县"共产主义启蒙运动的工作者"。

村前赵家坟背靠青山，面临箭坝河，与村庄隔河相望。坟有三块碑，正中碑上刻着"皇清待诰赠大懿德赵母郭氏老孺人之墓"，碑石雕琢精美。主碑柱刻联"长留闾范昭千古，自有龙章报九原"。坟头两侧各立一根高丈许的围杆。

箭坝古碉楼

　　关于赵家遗留在箭坝村的建筑，有两处值得一提。其一是赵师伟所建碉楼。旧时，碉楼属防御工事，为大户人家守家护院的据点。但箭坝的赵家碉楼还有另外一层与风水有关的功能。箭坝河自东来，至箭坝村急转北上里许，反转向南，犹如拉满之弓，箭在弦上。水为弓，坝为箭，箭坝由此得名。当年赵家为镇压搭弓之箭而建碉楼，故箭坝之箭终未射出。另一处是赵师孝的院子。石砌大门顶上刻有"天光云影"字样，两侧有联曰"山拥翠屏，天染一轴丹青画；水横玉带，风织数行锦绣文"。"翠屏""玉带"，用以形容箭坝四围青山和箭坝河，是再适合不过的。尤其是箭坝河，蜿蜒反转，水光潋滟，绝类玉带。人言以前箭坝河水清澈，鱼影摇曳，夹岸杨柳因风起舞，珊珊可爱。只是而今河水被污染，河将干涸，杨柳不存，

殊为可惜。院子已经衰败,狼藉不堪,只有大门和围墙依稀可见当年赵家的气派。

如今,赵家后人已经搬走,赵家旧居早已无人居住,显得有些凋敝、衰败,巷道阒寂。然而,从保存下来的建筑规格上看,其门窗雕饰、条石门槛和巨块石板墙壁,仍可见昔日赵家显赫景况。两排椽架民房虽显古旧,但柱子和门窗上的雕花纹饰工艺精湛,极为精美。青石板铺就的长街清幽深邃。遥想当年,这个地方烟馆茶肆店铺林立,商贾往来,或打尖或住店,天南地北之事在这里交汇。夜晚,灯笼高挂,马灯低垂,在箭坝河舒缓的流水声中,箭坝村静谧安详。

箭坝村西半街有一个槽门,雕花錾路,精致清晰,石头斑驳,

颇见岁月。门内有人家，三个小孩坐在门前玩手机；一个年逾七十的老翁，头戴毡帽，衣着简朴。见生人至，老人家缓步出来，邀请我们进去喝茶。询问槽门来去，老人家介绍说，槽门原本刻有字，只是风雨剥蚀，人为破坏，如今字没了。问老人是否还能记起内容。他说当然记得，门额原有"安如磐石"，两边有联："虽无诸葛之才，亦云谨慎；不必吕端之学，且至糊涂。"槽门原是咸丰三年（1853年）胡万义修建，所以，西半街以前又叫胡家街。只是后来胡家搬走了。

与赵家相比，胡家的情况无据可查，但从槽门的规格看来，昔日的胡家即使不如赵家显赫，也是书香之家。在赵家光芒的映照中，胡家稍显暗淡。"安如磐石"联中，虽说"谨慎""糊涂"，满满地透露着书香之家知识分子骨子里难掩的骨气和傲气！

时空浩瀚无穷，每一个生命渺小而珍贵，每一种存在短暂又永恒。时间深处，历史氤氲缭绕，积淀沉静，供有心的过客回眸、品赏、喟叹、展望……箭坝河萦纡曲回着，低低地讲述属于它的故事，安静地书写属于这方土地的历史。箭坝河两岸杨柳依依，河水清浅；天光云影里，古道悠然，田歌欸乃。

❶ 箭坝田园风光
❷ 箭坝赵氏墓

烽火硝烟，关河旁铸刻的累累伤痕

> 在群岭之上，一种硬度叫铁；在河岸旁边，有一种冷叫石头，最硬的铁和最冷的石头，也挡不住流水的砥砺前行。盐津的刀光剑影，血光与硝烟，在峡谷弥漫，在山岚里飘拂。

绝壁峡谷里的枪声

盐津，是辛亥革命先声——关河起义的策源地。1911年4月27日，孙中山先生领导的同盟会在广州起义失败。是年5月，身为早稻田大学和东京帝国大学毕业、同盟会会员、孙中山大元帅府特派员的赵端，受同盟会总部派遣，西渡归国，拟在长江中上游的滇川边区策动、组织反清武装起义，为全面发动辛亥革命做准备。7月上旬，赵端秘密潜入滇川交界的宜宾横江，入川后，密约老同志李龙醒、李龙言、赵瑞卿、赵义泉、李华锋、李联乙、赵渊等人开展秘密活动。这些人都是各府县、各码头有影响有号召力的人物，其中一些人还掌握着当地的乡勇、团练，或在城防军、江防队中有内应。有关筹备起义的会议开了两天，决定以基础较好的横江和附近的回龙场为依托，把云南盐津的滩头、普洱、串丝、落雁等地作为同志军聚义之地，设义军筹备处，通告远近。经过大家的积极发动，激发了广大人民的反清情绪，滩头的彭久皋、董金亭、彭

久和等人积极响应,并按照盟约旨意分别到滩头、普洱、艾田、串丝、落雁、柿子、豆沙等地宣传发动。到8月,各路义军抵达横江整编时,能战斗的队伍壮大到3000多人,饷械齐备,组成4个梯团。外加远近拥护者,起义军达一万余人。赵端被义军公举为全军都督,李醒龙任总参议,李午初、罗日增、云连山、曾雨亭、李敬廷、彭久皋、董金亭等分任各路司令、梯团长,营、连、排官长也一一任命,组建了川南革命军。9月1日,起义正式发动,革命军从盐津关河峡谷的麻柳湾战斗开始,一路昭告天下,同申义举,一边战斗,一边宣传革命,一边接收前来参加起义的军队,集结了队伍一万多人与清军作战。从叙州府(今宜宾)挥师直指成都,讨伐四川总督赵尔丰,沿途取道安边、高场、真溪、泥溪,溯府河而上。

历时两个多月,整个川南在川南革命军的控制中。革命军挥师川东、川北,一路都响应,不战而胜。1911年10月10日武昌爆发辛亥革命,四川响应。1911年11月27日,大汉四川军政府成立,四川省会光复,革命军派人主持。赵端决定

太平天国石达开
盐津回旋战战场

起义军停止进军,赵端离川转赴广东任事。

关河起义先于武昌起义、昆明"重九"起义,旬月之间,连克十余城,平定川南,全川靖平,功昭日月。川南革命军也为此付出了巨大的牺牲,义军首领李午初、曾雨亭、云连山、李敬廷、彭久皋、董金亭、陈联升、谢良佐、陈少清等慷慨赴死,数百义士阵前捐躯。对于他们,历史不应该忘记。

1915年,袁世凯复辟帝制,云南各界人民发起讨袁护国运动。12月25日,云南通电起义,组成护国三军北上护国,先遣部队杨蓁、邓泰中支队以剿匪为名,1916年1月13日抵达盐津老鸦滩,向北洋守军发起攻击,抢占了易守难攻的老鸦滩关河峡谷,打响了云南护国讨袁运动第一枪。接着蔡锷领导的护国军第一军刘云峰梯团取道昭通、盐津进入四川,后退守横江一带,梯团本部以盐津驻守大本营,和北洋军展开拉锯、对峙。护国战争期间,云南护国军师旅进川返滇,均以盐津为兵站和后方据点,盐津百姓"供应夫役,采办粮秣,人民对国家尽力固多",为捍卫共和做出了诸多贡献。

盐津人民的抗战诗篇

1552名盐津儿女从军报国奔赴抗日前线。全面抗战爆发后,兵源补给从未间断,"抗战军兴,兵源时待补充,配征之令殆无虚日"。盐津在国家危亡之际,"唯是征送入营,远征抗敌,遍于南北,尽忠国家,效命民族,我津子弟,实不后人"。在抗日战争中,盐津儿女踊跃报名从军,抒发爱国爱民壮志。1552名盐津青壮年儿女,奔赴抗日前线,他们视死如归奋勇杀敌,216名盐津籍战士为国捐躯,气壮山河。"吾津有壮烈牺牲殉国成仁之人在,大为河山生色。"在70多年前那段血肉纷飞的战争岁月里,当时仅有8万多人的盐津,仅"在邠北战场20多个日日夜夜里,盐津县就有96人壮烈牺牲……"

全面抗战后,东南沿海沦陷,滇缅公路成为国际社会支持中国抗战的唯一生命线。昭通成为滇缅公路外援抗战物资重要运输转运站和集散地。国民政府迁到重庆后,西南大后方战时物资运输量大增,交通受限,汽车运输能力有限,而宜宾到昭通的公路尚未开通。国民政府行政院决定开通人力运输补充机械运力不足,开启"战时驿运"运动。1938年初,国民政府勘测、修补改善了由宜宾到昭通的古驿道,全程1338公里。国民政府"交通部就叙昆干道上成立托运管理所,征雇民夫、驮马输运西南物货之出口与国际物资之入内"。盐津为"叙昆驿运干线"的昆盐段,在县城、临江溪、普洱渡、滩头均设有转运站,每站征雇民夫800人,编组成队,分类将货物运达交接

❶ 李蓝义军誓师之地——牛寨真武山
❷ 辛亥革命关河起义聚义地

地点，业务开展后，马驮人员络绎不绝，沿途旅栈骡行热闹。整个抗战时期，数万吨物资通过空运、公路、驿道进入昭通，又经昭通用人背、马驮，主要是马帮，在盐津境内，经豆沙关"五尺道"运至川南宜宾到达重庆，再分发各战场，到1941年滇西、缅北沦陷为止。这个时段包括盐津在内的沿途各县征雇民夫驮马，每天有驮马2000余匹上昆明，下叙府，仅在1939年内运输物资总计就达7600多吨。

全面抗战伊始，盐津积极开展群众救亡运动，支援前方抗战。民国二十二年（1933年），云南各界发起组织救国会筹集救国基金，盐津城乡民众踊跃捐款新滇币22360元用于购买飞机，充实国防。民国二十六年（1937年）盐津成立"抗敌后援会"，开展"七七献金"运动。全县遍及城乡张贴抗日标语，宣传抗日，排演抗日戏曲，高唱抗日歌曲。动员民众踊跃捐资，支援前方将士，"每年继续办理，至抗战胜利止，成绩颇不后人"。献金总计国币60多万元用于抗日。民国二十九年（1940年）11月8日，盐津县成立"优待抗战军人家属委员会"，县长、党部书记为主任。对于各乡镇抗战军人家属持有证明书者，照章予以优待。并对荣誉军人过境，设法补助旅费。

❶ 盐津抗日女兵刘先德所在的战地服务团
❷ 赵师韩（赵克）在讲武堂出征前

中国共产党盐津县第一次党代会会址

波澜壮阔的剿匪斗争

云南宣布和平起义之时，盐津县中心地带和周边都处于土匪恶霸的滋扰破坏之中：东面有蒋介石原少将总队长田栋云在筠连方向，1900多人1000余枪；少将总队长郑经纬下属两个司令部10个纵队，两股匪帮势力共有一万余人。西边北边，国民党72军营长陈超、陈云鹏部2000余人，活动猖獗。高县匪首蒋树清，率领匪众盘踞在兴隆场。西南面，江瀛洲部下张树三、唐小初聚集在大关的吉利铺、高桥等交通线上，还有胡宗南部的27军军长刘孟廉及34师师长欧阳大光等人，在南面对盐津形成包围之势。县内腹心地带普洱，有最大的土匪势力——江瀛洲土匪集团，势力上至昭通下至四川横江，匪众一千多人。盐津处于土匪的包围之中，形式十分严峻。

盐津人民在1950年4月11日迎来了和平解放，5月5日成立了盐津县人民政府。然而，枪声并未停止，战争的烽烟依然在盐津大地时而蔓延。剿匪成为压倒一切的重大任务。

❶ 中国共产党盐津县第一次党代会

❷ 盐津剿匪胜利庆功会

盐津剿匪的重大任务主要由基干团承担，基干团决定留三个连的兵力防守县城，其余均做机动兵力使用。4月下旬，团长王沛亲自带领两个营前往四川筠连县，打通滇川要道，方便商旅来往，使川盐及其他物资的供销运输通畅。同时接回之前留在筠连的永绥大边游击队部分人员返回盐津，并和四川部队会师，与驻筠部队84团共商滇川边界的剿匪事宜。

5月10日，基干团兵分三路主动进攻大关县的普勒、朱家营和苞谷场三地。当时，三地由江瀛洲手下的张树三、张玉林、吴昆三个大队长带领土匪盘踞，他们共计140多人，阻断盐津到昭通的交通线。基干团采取各个击破战术，一天之内就端掉了这三个据点，打通了交通线。

5月11日，盐津成立了"盐津县剿匪委员会"，正式开展了剿匪工作。

魏绍银投靠国民党残敌陈云鹏匪部后，被任命为大队长。魏、陈共有匪徒100余人盘踞在县城东北部兴隆场。地处兴隆场西面的观斗山，四周是悬崖绝壁，易守难攻。基干团战士得知魏绍银被川南友军击溃，率少数匪徒逃至观斗山。战士们从绝壁翻越观斗山和据险顽抗做垂死挣扎的魏绍银匪部展开激战。一小时结束战斗，击毙了魏绍银及其两个副队长。

5月17日，基干团回师盐津，途经底坪坝时，经侦察得悉陈云鹏所属廖昆匪部80余人盘踞在底坪坝为非作歹。基干团从左右包围中间出击的战术。但由于地形不熟，包围圈太小，除俘匪9人外，余匪在包围圈外脱逃。

大关县木杆河一带有江瀛洲所属的张树三匪部300余人，杨日凯匪部30多人以及地霸向树凯20多人，威胁着盐津的西面。是日，43师教导队和基干团1营、2营奉命主动出击。解放军在拂晓前包围了木杆河，5时发起攻击，匪徒纷纷溃逃。

木杆河战斗脱逃的匪首张树三谋图向解放军报复，率领两个中队，与田栋云的一个支队和陈超部的一个分队以及江瀛洲所属

1947年8月盐津县第一个党小组成立，图为书记况明聪

1950年9月14日，在盐津县城公审宣判并处决土匪头目江瀛洲

郦才宣的大刀队共 300 多人，由张树三任总指挥。在 5 月 30 日拂晓，对吉利铺的基干团 1 连 3 排进行偷袭。解放军用一个班的兵力反击敌人进攻，两个班的兵力向东北角扑来之敌猛冲，三个小时结束战斗，取得胜利。

经过几次战斗，土匪受到严重打击，但仍不甘心，伺机反扑。陈超匪部得知解放军部队驮运军用物资的马帮由昭通返回盐津路经大关吉利铺，江兆祥率领 600 土匪进攻吉利铺。土匪利用有利地形，用 200 多人设下埋伏。当基干团护送物资的两个排到达黄荆坝河边时，土匪的枪炮和滚石居高临下向解放军发起进攻。解放军在敌众我寡、地形不利的情况下，依托路边岩石做掩体，沉着应战，经过 7 个多小时激战，得胜而归。

陈超、陈云鹏、江瀛洲等匪首经过精心策划，率匪众号称千人，用 10 倍于我的兵力，准备于 6 月 18 日赶集天夺取牛皮寨。众匪于 17 日夜分别在塘坝、双河、兴隆、落雁等地暗中隐蔽，18 日上午 10 时许占据了牛皮寨牌坊垇周围的山头，部分土匪暗带武器乔装成赶集群众，准备混入街中做内应。解放军驻防哨兵机智勇敢，对可疑行人进行盘查时发现敌情，鸣枪报警，经过一个多小时的激战，解放军夺回匪徒占领的几个山头，匪众进攻失利，纷纷溃逃，解放军追匪 20 余华里。

大匪首江瀛洲，拥有千多人枪，盘踞普洱镇，活动于昭通至宜宾之间。5 月中旬，昭通专署副专员特约江瀛洲谈话，他本人回避，让中队长刘君铭面见，表示遵守新政府的政策法令，保证在普洱渡工作的干部安全。之后基干团又派 3 营营长赵西与江瀛洲谈判，江仍不露面，令其子江兆祥应付，毫无诚意。6 月 28 日，基干团决定与川南友军 131 团合击围歼江匪，131 团从东北面的滩头至串丝坝方向形成包围，基干团则分兵一部分从西南面艾田的大村、小村、普洱的保隆桥方向进击，一部分在椅子方向切断匪部退路，形成一个大包围圈。7 月 6 日下午，基干团在大小两村击溃一股土匪，7 日到达保隆桥时，土匪已被友军击溃。8 日基干团在马牙石一带，一弹未发俘匪 20 多人。战斗中对江匪等部采取了分割围歼，匪众一触即溃，共俘匪 500 余人……8 月 19 日，基干团 9 连连长叶朝刚带领 1 个排，到达普洱冷水溪捉住知晓江瀛洲行踪的人，经晓以大义，由其连夜带路，20 日到达三星坝，在丛林中的一间茅屋里将江瀛洲及其子江兆祥和滇、川、康反共救国军师长白宗坤、支队长王化猷等 7 名匪首一并抓获。

8 月 22 日，在普洱渡赶集天公审了江瀛洲，农民对江瀛洲的罪行进行控诉。23 日，江瀛洲被押送县城，全城人民无不拍手称快，欢庆解放军剿匪的伟大胜利。经昭通专署批准，9 月 14 日在县城召开了公审大会，判处枪决大匪首江瀛洲，正义的枪声，告慰了九泉之下的枉死冤魂。

在对土匪进行军事打击的同时，县人民政府广泛宣传"首恶必办，胁从不问，立功赎罪，立大功受奖"等政策，号召一切匪特分子要认清形势，停止作恶，政府将既往不咎。在强有力的军事打击和政策感召下，1000 余名土匪投诚自首和登记自新。

从 1950 年 5 月开始至 12 月止，全县范围内的土匪基本肃清。

硝烟远去，英灵浩气长留于盐津的青山绿水间。

流沙掠影,谁看见丛林中隐藏的背影

打开清代中期以来至中华人民共和国成立时期的武职榜单,盐津出过一个一品大员何提督,两个武举,十名少将。地灵人杰,那些鲜活的面容,历史终将永远铭记——一段岁月,波澜壮阔,刻骨铭心。一种精神,穿越历史,辉映未来。

从乞丐到一品大员

做过四省提督的何赞臣,又名何君佐。生于乾隆中后期,出身寒微,自小随父亲颠沛流离,从四川筠连来到云南盐津牛寨街子落脚,靠父亲给人做苦力维持两人生计。牛寨民间传言,何赞臣小时候衣不蔽体,食不果腹,几近乞讨,冬天时常围着张铁匠家的铁炉房烤火取暖。一个寒冬里的一天,张铁匠大声呵斥正在兴致勃勃烤火的何赞臣:现在朝廷正在张榜招兵买马,你小杂毛咋不赶快去吃粮投军啊,整天在我炉子边上戳过去戳过来的,我看着心里就烦。还举起大铁钳子揍他。第二天,何赞臣从牛寨场消失了……

按照张铁匠指引,何赞臣来到了昭通,顺利入列朝廷军队,练武功,识文化。后来遇上诸多机缘,屡立战功。乾隆四十八年(1783年)升任云南昭通镇标中营千总,乾隆五十年(1785年)任昭通镇标前营千总,嘉庆元年(1796年)任普洱镇标中营守备,嘉庆三年(1798年)调任广东和平营都司,嘉庆五年(1800

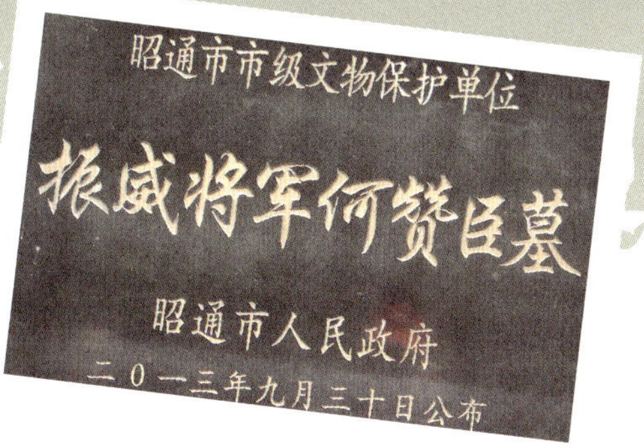

年）擢任云南提标右营游击，嘉庆六年（1801年）任武定营参将、广东南雄协副将，嘉庆十年（1805年）任广东惠州协副将，嘉庆十五年（1810年）升任广东南韶连镇总兵官。从军任职以来，何赞臣肃正威容于军垒之中，御统三军运筹于千里之外，厥功至伟，嘉庆二十三年（1818年），皇帝举行庆典，擢升何赞臣为四川提督，并特授振威将军封号，诰封其继妻罗孕玉为一品夫人。之后历任贵州提督、湖北提督、广东陆军提督。

清代官职分为九品十八级，正一品，从一品，正二品，从

何提督夫妇墓

二品……将军、都统、总督、提督属于从一品。作为一品大员的何赞臣，戎马倥偬数十年，虽是出身行伍，然而却佛心长存，道光六年（1826年）在广东惠州任职期间，热心向佛，为惠州永福寺撰写《修永福寺记》石刻："予初调惠州，知城西有湖，多古寺、观、亭、台，而古刹尤以永福寺为最。莅此四年，不觉杜祸于不萌，或为有佛力于其间，甲申八月，予巡阅地方，道出西湖，询所谓永福寺者，有僧引而进之，观当年修筑遗碑。惟多历年所，诸尊佛像咸旧，右边佛院全倾。而余入寺敬生，喜捐倡复。幸有同志，乐襄厥成。于道光五年五月十六日兴工，即于是年十一月初一日告竣。道光六年（1826年）丙戌，广东提督陆路军务总兵官滇南何君佐撰。"这个全文160余字的石刻碑文至今保存在惠州永福寺。道光八年（1828年），何赞臣从广东卸任，告老还乡颐养天年，道光壬辰年（1832年）去世，葬于牛寨新华村灯盏窝。

国民革命军少将司令

仁和村太平庄人戴鸿猷，1899年农历7月16日出身一个书香门第家庭。17岁时跟随在日本留学回家考察的四叔戴时熙沿长江而下，历经艰难，东渡日本，先就读于日本高等师范预科班，后来考入高等师范。毕业后又考入日本东京帝国大学攻读教育学，学业上勤奋刻苦，半工半读，历尽艰辛。十年寒窗苦读，不但在教育学方面造诣颇深，还精通日语，对日本社会历史、政治经济有较深刻而全面的研究。最后以优异的成绩毕业于日本东京帝国大学教育系。

1925年，年满26岁的戴鸿猷学成归国，此时正值国内革命风起云涌。回国后，戴鸿猷在东陆大学（云南大学前身）任教。1926年被云南省教育厅聘任为省立二中（现昭通市一中）校长（系第二任）。在此期间，他聘请了一批有学识的青年教师到校任教。戴

鸿猷治学严谨，思想活跃，倡导学生积极开发思维，接受新鲜信息；他新引进乒乓球、棒球两个体育项目，以增强学生体质。据当年的学生伍正之（后来长期担任过昭通一中校长）回忆说："戴校长在一次上'修身'课时，以《淡泊以明志，宁静而致远》为题，给我们阐述了以事业为重，淡泊于名利的做人之道，使我们终身受益。"戴鸿猷参与组建昭通女子中学，兼任首任校长，倡导男女平等。在他的号召和影响下，不少家庭将女孩子送到女中读书，开启了昭通新的教育风尚。

1927年云南"二六"政变发生后，唐继尧被迫下台。唐继尧手下有三个军长龙云、胡若愚、张汝翼在唐死后发生内讧，陷入混战，造成年内物价飞涨。在此经济紧张的情况下，戴鸿猷辞去了校长职务，投到张汝翼麾下任政治部主任。1929年张汝翼在永胜一带兵败，戴鸿猷被龙云手下俘获押解至昆明，险遭杀害，经过家人多方营救才得以出狱。1931年离开云南至南京，经当时中央陆军军官军校（即黄埔军校）政治部主任邓文仪举荐，留校任政治教官、副主任教官、主任教官，还在陆军大学、政治大学、警官高等学校兼任日语教官，以其广博的学识、正直的人品而深受学生爱戴。

全面抗战爆发前夕的1935年，军校校务委员兼教育长张浩中举办演讲会，军校、陆大、政大、警校1000多名学生参加，学校委托戴鸿猷做题为《日本大陆政策之解剖》的演讲。由于他对日本侵华野心洞察已久，在演讲中列举了许多典型的事实，精辟剖析了南进、北进的目的都在于妄图灭我中华，分析了抗日战争终不可免，他大声疾呼："青年学子国之栋梁，

唯有学好军事技术，才能痛击侵略者，救亡图存，报效祖国。"这次慷慨激昂的演讲，广大师生群情激愤，爱国热情高涨。这次反响强烈的演讲，引起亲日派势力的不满，招致了不久之后的一天夜里，在南京竺桥新村家中被一群便衣特务秘密逮捕，幸好得到宪兵连长的舍命帮助才未遭到杀害，平安出狱归家。

全面抗战开始后的1937年8月，戴鸿猷随军校（第14~16期）迁至四川铜梁县，任军校政治总教官，获得上校军衔，至此他已经进入军校长官18人之列。1940年调重庆国民党中央训练团党政训练班任训练主任，不久调宜宾任地方行政干部训练处教育长，1941年任湖北襄樊守备司令部少将司令。

此时，抗日战争已经进入艰苦卓绝的关键时段，祖国半壁河山沦陷，广大同胞正在惨遭蹂躏。戴鸿猷毅然将妻子覃菊仙和子女四人送回盐津老家，只身奔赴江西上饶抗日前线，供职于第三战区杜聿明部下，担任第三战区政治部少将主任秘书。为了和日寇周旋，

等待出征的抗日将士

国民革命军少将司令戴鸿猷

政治部随军辗转迂回,机动作战。戴鸿猷废寝忘食、呕心沥血承担着宣传抗日,培养抗日力量的繁重任务,长期的超负荷工作和艰苦的生活条件,使他积劳成疾。农历1943年12月21日,戴鸿猷深夜处理完当天的公务之后,不幸溘然长逝于第三战区政治部临时办公驻地,享年44岁。

戴鸿猷死后,国民党第三战区为他举行了隆重的追悼大会,长官顾祝同在大会上高度肯定了戴鸿猷热心教育,为锻造黄埔精神,树立黄埔军人形象而做出的卓越贡献。战区政治部主任邓文仪为他撰写墓碑,高度赞扬了他在国难当头,离乡舍家为拯救祖国于危亡的壮举。

骁勇善战的军中骄子

1905出生于牛寨乡安家坪人的张仲强,原名张世兴。父母早逝,家境贫寒,南下昆明从军,立志干一番事业,撰写条幅"能遭天磨真铁汉,不受人疾是庸才"以自励。后来考入云南陆军讲武堂学习,毕业后带兵驰骋沙场。

1937年7月7日抗战全面爆发后,时任云南省政府主席的龙云先后组建了六十军、五十八军以及新编第三军等多支"滇军"抗日队伍,奔赴前线。出省抗日的"滇军",转战全国各地,先后参加台儿庄会战、武汉会战、长沙会战、赣北战役等诸多著名战役,以其勇往直前、血战到底的硬派作风赢得了当时社会各界的尊重。

在抗日战争中,云南为全国各战场输送的"滇军"前后共计42万余人,他们在抗击日军的战斗中,英勇顽强,不惜牺牲,屡建战功,为民族的解放事业做出了重大贡献。

由卢汉担任军长的第六十军达4万多人,开赴抗日最前线台儿庄，张仲强当时担任 183 师 541 旅 1082 团第 3 营营长。出发前，他曾经豪情满怀地对全营将士发誓要"直捣蓬莱岛，痛饮倭奴血"。

1938 年 4 月 22 日至 28 日，六十军连日作战，没有喘息之机，战斗打得异常艰苦。日军每天都派出多批次多架次的轰炸机，向东庄、火石埠等地进行逐点轰炸，然后以步兵、坦克和炮兵联合进攻，向我方阵地进行集团冲锋。4 月 27 日午后，敌军继续调集兵力进攻东庄、火石埠。东庄是敌人攻击的重点，企图从我方防线直接突破，直取台儿庄。卢汉军长看清了日军意图，立即电命东庄阵地，令守卫部队避开敌人炮火，伺机出击。

驻守东庄的是 1082 团的两个营，营长就是张仲强和陈开文，张仲强担任指挥。在敌人的炮火停止后，张仲强立即率领战士们返回村中，把另外几个连长叫去说："敌人马上就要进攻了，大家相处这几年，现在还能在一起，明天恐怕只能在阎王殿上相见了。"几个连长听了黯然神伤，接着张仲强营长又激励说："但为了中华民族，为了云南父老，只要还有一口气，就要和敌人拼到底。"

是夜，整个东庄阵地一夜未眠。拂晓前，敌人吹响了冲锋号。敌兵成片呜里哇啦喊叫着向我阵地扑来。将士们以被炮火摧毁后变成的废墟为依托，迅速构筑好掩体和工事，配置成有效的火力网，严密埋伏，严阵以待。

日军开始进攻了。自信的鬼子以为在如此猛烈的轰炸和炮击下，中国守军早已无生存的可能。日寇的冈崎旅团第十一联队两个大队的步兵，以及骑兵第五联队的部分骑兵，打着膏药旗，骄横地排成 4 路纵队大摇大摆地走来，就连重机枪之类的火器都捆在了马背上。

张仲强营长一直监视着敌人的动态。当敌人走到距离我方阵地 500 米时，不见我方动静，便发起了冲锋。等他们到了 50 米完全进入张仲强部有效射程内时，一声号响，伏兵四起，轻、重机枪、步枪、迫击炮同时开火，敌人被打得措手不及，还没反应过来，就已人仰马翻，倒下了一大片。一个叫野佑的日本军官，正欲拔出指

少将卓立

挥刀，命令部队后撤时，被一串机枪子弹打成蜂窝状，从战马上滚了下来。

乱成一团的敌人见不远处有又宽又深的防坦克战壕，认为可以防身，慌不择路，成群成群地往下跳。早有准备的云南将士便把手榴弹雨点般地投向防坦克战壕里，炸得鬼子血肉横飞，鬼哭狼嚎，死在壕沟里的比死地上的还多，尸体密密麻麻。

战斗结束后，600多名敌人被消灭，缴获了50多挺轻、重机枪，30多把指挥刀，20多门迫击炮，700多支步枪和大量弹药。战斗中还缴获了一本日军的《战斗纪要》，其中一段大意是说：中国军队有3个番号不明的师，官兵强悍勇猛，战斗力之强是日军从未碰到过的。

东庄一役击破了敌人从正西突破台儿庄的阴谋。这一歼灭战是六十军进入台儿庄一线后一次最痛快、最漂亮的战斗，扬了军威，壮了士气。张仲强营长因战功卓著，擢升为团长。

1938年后，张仲强奉调回云南，担任地方保安任务。1940年率团从昆明到开远开赴蒙自，沿途日寇敌机不断轰炸，张仲强沉着应战，指挥队伍机智地和敌人周旋，最后安全到达驻地蒙自芷村，一边剿匪，一边防御日寇突破南线北进。

张仲强明为国民党做事，暗地里却支持共产党。经常与中共地下党员交往。他和朱家璧（滇桂黔纵队副司令员）常有往来，两人交往甚密。朱家璧在云南屏边、金平一带活动时，二人秘密商议，面上是剿共，暗地里却带着粮草、弹药、枪支送给共产党。1946年，中共地下党员马仲明（盐津老街人）被国民党特务追捕，情况万分危急，情急之下跑到张仲强家躲藏。那时张仲强还在担任楚宁师管区司令，恰逢他在家，马在他家躲藏了两天。此期间，张仲强给马仲明分析了当前的国内大势。两天后，冒着风险驰车把马仲明护送离开昆明险境，到达安全之地。

1943年,九十三军接到国民党中央"立即逮捕朱家璧押送中央"的密令,张仲强暗中将此事转告朱家璧,并给他一个连队,叫他火速离开到金平一带开展游击活动。1946年国民党中央命令九十三军到东北打解放军,张仲强不愿意同胞自相残杀而借故未去。等到军长卢浚泉加急电报催促,才迫于无奈赶到东北。来到阵地前沿看到两军剑拔弩张,不忍向解放军开枪,又以种种借口乘机飞回昆明。两月后,任少将副师长兼楚宁师管区司令。这一时期他立足地方建设,兴建兵营,修建饮水沟渠,开发矿藏,开办集体炼铜厂,深受百姓爱戴,离任之时百姓在楚雄城门外刻石"尊贤爱民"以示纪念。

1944年春,盐津县政府在老街公园旧址建设盐津县立初级中学(今盐津一中),张仲强得知后,捐款一千万国币,修建教室、礼堂,新校舍落成时,请他题写了"仲强院"三字,泥塑于新校舍大门上面,作为纪念。

1948年,调任滇南蒙自保安二团少将团长,奉卢汉主席之命,亲自带领一个营的战士前往金平县剿匪,追歼民卫军独立团赵小安部,追至大坪马店观音岩时,部队遭到赵小安的伏击,全营将士阵亡,张仲强不幸遇难,时年43岁。

1949年,省教育厅给张仲强颁发了一枚金质奖章,由他的儿子张文彬代领。

张仲强遇难后,个旧市各界一万多人参加了张仲强的追悼会,遗体护送到昆明时,省主席卢汉亲临车站接丧,又为他举行了隆重的追悼大会,最后安葬在昆明圆通山。

教授邓孝慈

盐津历史上,集著名法学家、政治学家、史学名教授于一身的至今只有一人,这便是邓孝慈先生。邓孝慈原名邓绍先,字孝思,1888

出生于县城。1907年东渡日本求学，先后就读于多所高等学校，后考入东京帝国大学法学部政治经济科，毕业后被聘为东陆大学教员，兼任《救国日报》总编辑。1922年春，邓孝慈被省主席唐继尧委任为省公署枢要处枢密官兼任云南政法学校校长。龙云主持滇政后，他被免职追责，颠沛流离辗转香港、上海等地。后来被李宗仁委任为第四集团军总部秘书兼武汉政治分会秘书。后厌倦军阀斗争，决心弃武从教，培养人才拯救和报效国家。

1933年12月，邓孝慈担任国立中山大学法学院院长，因其成就卓著被收入国立中山大学著名教授名录。

抗战时广州沦入敌手，邓孝慈旅居昆明。其时国立中山大学奉命西迁，校长邹鲁请邓孝慈在云南寻找地方协助中大西迁，最终中山大学落脚澄江两年，留下了一段艰苦卓绝、可歌可泣的佳话。邓孝慈受聘于澄江中山大学，并主编半月刊《中山公论》，随时发表抨击当局、针砭时弊的文章。

抗战胜利，西南联大各校北归时，把师范学院留在昆明独立设院，改名为昆明师范学院，即云南师范大学的前身。1947年9月，

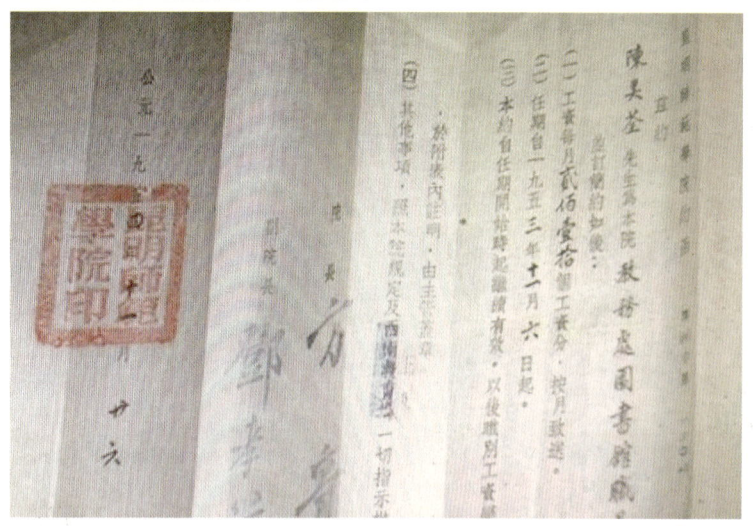

邓孝慈被昆明师范学院聘任为教授,主讲政治学原理、经济学概论等课程。平易近人的教风、渊博的学识使他深受师生们的爱戴,在教育界享有崇高声誉。中华人民共和国成立后,邓孝慈满怀激情投身于祖国的教育事业之中,被政府任命为昆明师范学院副院长。由于他在政史学方面的卓著造诣,他的名字被收入"近代中国大学史学教授群像"名录。在《中山大学法学院历任负责人和著名教授介绍》一文中,邓孝慈被列为著名法学家、政治学家。

科学先驱陈一得

自然科学说是国家富强与民族复兴的翅膀。盐津人陈一得先生就是云南近现代自然科学发展的奠基人和近代自然科学巨匠,在气象、天文、地震、人文、滇池保护、科学普及等多领域做出了不可磨灭的贡献,被誉为"中国自然科学的鲁殿灵光"。

陈一得祖籍四川金堂县,祖父时迁居盐津牛寨牛塘坝,出生后随父亲迁居县城。陈一得原名陈秉仁,生于1886年,7岁时父亲去世,和母亲、弟弟相依为命,艰难度日。陈一得在童子试、县

邓孝慈担任昆明师范学院副院长印章

试、府试都进入前十。科举停废后入昆明高等学堂，因发表演说反对出卖云南"七府矿权"，结果云南总督锡良怕他留学参加革命，不予放行，成为终身憾事。以优异成绩入优级范，接受几何、代数、物理、化学等的启蒙教育。毕业后，在昆明的中等学校从教达十年之久。在此期间逐渐认识到气象、天文等自然科学对于国计民生的重要性，埋头钻研，掌握了大量一手气象、天文、地理资料，奠定了气象、天文、地震等方面知识的坚实基础。

　　陈一得一直努力钻研自己喜爱的天文学、气象学。他利用丰富的教学知识，实地用日晷观测和计算以北京地区为中心的云南的时差，并测量出云南各县的标准时间和24节令太阳出没的时间，在此基础上进行天象观测。经过多年的观察，创制了以昆明经纬度为基础的"步天规"，并绘制出第一张"昆明恒星图"。利用"步天规"对准方向，拨正日期，可以从规上辨认当夜昆明天空出现的星宿。如果是在别的地方，也可以根据不同的经纬度进行调整观看。状元袁嘉谷曾到陈一得住处试用"步天规"，将观测所得与天文图书记载对照，无不符合，不由赞叹不已。由于

20世纪60年代昆明西山气象测候所

"步天规"的方便易用，研究天文的人都纷纷前来索要。而陈一得因筹不到大笔资金，无法大规模制作"步天规"，因此"步天规"竟没有得到推广。他在1924年作《公历月日歌》和《公历节令歌》，促进了公历在昆明的推广。1934年，陈一得在云南大学体育场实测云南真子午线成功。从1934年开始，云南省政府开始筹建省立昆明气象测候所，这个任务交给了陈一得先生。他选定了昆明西山太华山美人峰，亲手设计，并带领工人人背马驮在无路、无水、无电的山顶，历时3年，省立昆明气象测候所（主要包括一得楼和观测场）耸立在美人峰之巅，龙云主席亲自任命陈一得为第一任所长，测候所于1937年6月正式开始气象观测、发布气象报告，开创云南气象事业先河。

1926年，陈一得自费赴南京气象台进修。半年后，他由南京、上海、南通、武汉、北京、天津、青岛绕日本东京横滨，经香港、越南海防、河内，遍访东亚各地有名的天文气象、地震台所参观，自费购置气象观测仪器后返回昆明。1927年7月，他将气象观测台设在宿舍屋顶上，创办全国第二个私立的测候所——"私立一得测候所"。从此，一家4口人每天都按时观测记录昆明的晴雨、温度、湿度、风向、云形等情况，并进行统计、整理、定期印行，所获取的气象实测资料给予政府、学校等机关使用，为后人留下了大量珍贵的气象历史资料。除在国内进行交换外，还在国际进行交换，不仅对本地区，而且对全国性的、国际性的气象观测、预报都做出了贡献。同期负责施放午炮、校对街钟等工作，测候所的影响与日俱增，引起外国人的注意和垂涎，以至于发生先生"三拒洋人彰显爱国"的壮举。他曾经撰文列十罪痛斥"尽泄滇池，可得田300万顷"的谬论。他将历年记录的气象资料及《云南气象谚语》编入《续云南通志长编》中。

云南降水不仅类型多样，而且常常同时产生不同类型的降雨，追根溯源、明确分类本省降雨并揭示其特征，是前人所未进行过的工作，对工农业生产影响至大，这是陈一得对于云南气象研究

昆明西山气候观测所及陈一得夫妇墓

的一大成就。

对于云南降水的分布，陈一得有全面的研究，他主要从地域性分布入手，总结归纳出具有极珍贵的科学价值的6条主要规律：1.1500毫米等雨量线，包围云南西与南两边疆。2.滇西南两区雨量，常多于滇东北两区。3.滇南边区雨量，较多于滇西边区，即迤南距东京湾近之地带，比迤西南距孟加拉湾远之地带，雨量略丰。4.横断山脉西部雨量，较东部丰沛，即怒江流域，多于澜沧江流域，澜沧江流域又多于金沙江流域。5.1000毫米等雨量线，由西北至东南，蜿蜒云南全境。6.昆明附近较大雨量，有11年余之周期，兼有两次多雨年及少雨年，而少雨年之周期，为5年余至6年。

除此之外，陈一得还观测记录了1937年至1943年云南降雨的分布情况，对每一年份各个月份的降雨量进行研究，得出了规律性的结论。这一研究成果，载于《续云南通志长篇》中，陈一得认为，云南各地的降雨，可从7个方面进行分析：1.农历一月份为干季，降水最少之月，滇南边区最高等雨线未上20毫米，独滇西大理，近年雨量超越，或有特故。2.春季二月雨量，全省俱增。顺宁（今凤庆）、大理平均上40毫米，是由寒暖气流接触地带所致。3.三月大理雨量增多，平均上80毫米，亦为全省之冠。全省西南东三面降水递增。赤道气团推进，颇为显著。4.四月南方气团更盛，河口平均雨量，增至100毫米以上，全省等雨量线向北移动，略与纬度平行。5.五月雨季开始，云南全境雨量普遍俱增，元江下游湿热地带已高至250毫米。6.六月各地雨量多数上100毫米。滇西顺宁特多至350毫米，是海洋暖湿气团鼎盛，西南势力尤猛矣。7.七月全省雨量之最少者不下100毫米。滇南个旧特多，平均上400毫米。滇西保山、景东较他处为少，则由于山岳屏障之影

响所致。九月后至十二月，云南降水量骤减，至十二月，西南多雨区等雨线只有30毫米。

1945年应家乡盐津县县长杨竹铭的聘请，陈一得主编《盐津县志》，返乡工作半年，足迹遍布全县境内，历经四年完成志稿，首创全国编辑方志的先河。

中华人民共和国成立后，把测候所及全部资料设备交给政府，虽过花甲之年却仍以饱满的热情投身到边疆建设之中，先后担任多个职务。主要著作有：《昭通等八县图说》《云南气象》《云南史地丛书》《云南气象要素之分布》等25部。先生的气象工作原则、爱国精神，激励鼓舞着一代代气象人，铸就了爱国、奉献、求真、务实、开拓、创新的气象精神。

杨伟贤：誓为家国梦

虽然时间在斗转星移中慢慢流逝，革命英雄杨伟贤已然离开我们八十多年，但是历史不可能抹杀掉一代英烈在中国革命史上的功勋和业绩。

杨伟贤，字天荣，又名杨其生、何以弱，中共党员，1900年5月出生于庙坝镇牛场村漆树坝的贫苦农民家庭。父母早亡，幼

杨伟贤领导的石鼎山起义旧址

年在彝良牛街分署教育局局长家做童工。吴局长教他读书写字、知书识礼。

1920年在昭通副镇守史陈再光手下当勤务兵。军阀混战开始后随陈再光前往昆明参战,不料陈在碧鸡关阵亡,伟贤又随一姓汪的军官到了南京,投入到国民革命军十九路军蔡廷锴部下任连长,后来又升任营长、团副等职。1932年1月28日,日本侵略军进攻上海,伟贤随军参加淞沪抗战,奋勇抵抗。然而蒋介石却调十九路军到江西剿共,杨伟贤发表爱国言论,遭到国民党军队的迫害,愤然离开十九路军回到云南。

1933年,在东川参加了中共东川中心县委书记蒋开榜领导的"云南义勇反日民军"("救贫义勇军")先后袭击镇雄县城,攻下彝良县牛街分署,队伍扩充至一千余人。驻牛街的滇军头目唐鸿钧勾结区乡官绅集中常备团兵力,对救贫义勇军进行多次围剿,救贫军寡不敌众,分散隐蔽活动。杨伟贤在滇川边境路边建了一座假坟迷惑敌人,改名杨其生,带领部分人员返回彝良、镇雄,在滇川交界秘密活动。他利用镇雄民团大队长陈明芬与大地主陇家的矛盾,联合陈明芬把部队拉出来开往川境

继续革命。这时顾晓帆在刘湘支持下扩充队伍，杨、陈率部投顾，分别任团长、营长之职。四川江安县徐守之也拉队伍投到顾部，任团长，负责兵运的中共党员胡旦元在徐团任营长，赵斐亚、李君昌也掌握了七八十条枪参加顾部别动大队，任正副大队长。顾部与黔军交战失利后，退回泸县蓝田坝。杨伟贤、赵斐亚、胡旦元秘密联络李君昌、周少先、黎金山等喝鸡血酒结盟，伟贤又改名何以弱。他们抓住部队整编前的混乱之机，将好步枪67支，手枪120支隐藏起来，分别联络有识青年军人，汇集到兴文县建武整训，后转移到大小龙潭及附近山洞开展革命活动，派出小股武装到云南边境抓捕土豪劣绅，让其交钱、交粮，以此解决给养。

杨伟贤、赵斐亚前往四川找共产党，经邹华仙介绍找到中共泸县中心县委书记邹风平、常委李清泉（亚群），接上关系，杨伟贤在中心县委领导下进行秘密活动，后受中共四川省泸县中心县委委派，到合（江）赤（水）特区负责地下党工作。随着红军长征一渡赤水，为配合红军前进，泸县中心县委决定派李清泉为党代表，杨伟贤负责军事指挥，到合江县石鼎山领导起义，以此牵制敌人，支援红军长征。他们到石鼎山时，红军已回遵义，决定暂缓起义。杨伟贤鼓励士兵们学习军事、政治，秘密发动劳苦大众，提高阶级觉悟，发动群众联合起来闹翻身。1935年3月初，合江县石鼎山一带农民在"破仓分粮，迎接红军"的口号下普遍发动起来了，组织了两百多人的地下武装，士兵情绪很高，成立"川滇黔边区工农红军游击纵队"。决定3月10日晚上举行起义，以石鼎山为武装起义根据地。

根据会议决定，纵队长杨伟贤、中队长冯吉率领一中队攻打赤水大同区署。雄鸡刚刚叫过，游击纵队就包围了大同区署，杨伟贤检查区署大营门，正逢值班区丁打开营门，他夺过枪支"红军来了，缴枪不杀！"带队冲进营门直奔戏楼枪架，收缴步枪20余支。带队冲进二殿，击溃后殿的区丁。不到一个小时战斗结束，纵队无伤亡。

3月11日下午4时许,余德章率领的起义部队和李清泉领导的赤卫队在石鼎山腰的月台山大庙里和纵队长杨伟贤领导的部队胜利会师,枪决恶霸地主,把地主囤积的大量粮食分给穷苦农民,群众拍手称快,拥护游击队。敌人急调合江、赤水、叙永三县24个团练中队和部分川、黔军阀部队2000余人围剿游击队。游击队在崇山峻岭中继续和敌人周旋,打退敌人多次进攻。

为了保存实力,寻机消灭敌人,纵队决定留少数赤卫队员在石鼎山腰迷惑敌人,主力绕道迂回牛尾干指挥部。黔军被赤卫队诱上山,纵队主力已撤走。黔军掉头寻找游击队主力,恰好与川军相遇,彼此认为对方是游击队,战斗颇为激烈。当敌人明白过来,游击队已安全转移了。

游击纵队只剩下50多人,敌我力量悬殊,又与泸县中心县委失去联系。4月上旬,部队遭遇数倍于己的敌人。杨伟贤下定决心,要狠狠打掉敌人的锐气,分兵伏击,打退了敌人的几次进攻,不料子弹击中了杨伟贤的腹部,他倒在了水田里。冯吉见状马上向前冲杀抢救,战士杨少钦把他背下战场。当冯吉边打边撤到厂坝时,看见政委李清泉正在给杨伟贤上白药。杨伟贤的肠子都掉出来了,血流如注,白药倒上去又被血冲出来。冯吉含泪要背他走,他吃力地摸出怀表交给冯吉说:我不行了,不要管我,赶快收拢部队,保护政委从左边突围。冯吉等人将杨伟贤抬到屋内床上,用被子盖好,屋后传来了密集的枪声。为保护政委,冯吉率领队员突围成功,这时游击队员只剩下几个人了。

"川滇黔边区工农红军游击纵队"在石鼎山历时一个多月的武装起义钳制和打击了敌人,配合和支持了中央红军的长征。纵队队长杨伟贤为了人民的解放,在同敌人的殊死搏斗中英勇献身,把满腔的热血洒在了川滇黔边区的土地上。次年,李清泉赋诗悼念战友:"海湖东去连天涌,江水西来带血流。壮士未埋荒草骨,书生犹剩少年头。"

革命烈士杨伟贤

忠贞不渝马冰清

马冰清，曾经用名马微量，女，中共党员。1909年生于盐津县城老街，15岁于短期师资训练班毕业后，在初级小学任教。家遭受水火之灾后，变为家贫如洗的贫民，1926年在其兄马逸飞、赵师孝的介绍下，和中共云南地下党临委妇运负责人吴澄和赵琴仙成了通讯朋友。

根据上级指示和赵师孝的帮助，马冰清等人于1927年上半年组建了"云南省妇女解放协会盐津分会"，推举马冰清为主任，会员发展到60多人。反对"三从四德"封建礼教，反对在政治上、经济上、教育上对妇女的种种束缚。妇分会活动中，要求和鼓励妇女解放小脚，剪去发辫，援助被虐待妇女和封建压迫下出家的妇女，参加爱国纪念示威活动，劝阻一些女性不要加入反动的封建同善会，以实际行动同封建势力作斗争。因此马冰清成为滇东北妇女运动先驱。

1928年秋，赵师孝由组织安排到盐津开展工作，介绍马冰清加入了共青团，并在赵师孝的帮助下，建立了盐津县第一个团支部，马冰清任团支部书记，成为滇东北历史上第一个团支部书记。开展了读书活动，召开国际国内形势报告会和时事分析会，逐步提高团员的政治思想觉悟，还带领妇女会成员，到乡下做妇女的工作，动员她们争取婚姻自由。在她们的积极工作下，有十多个童养媳转回了娘家。

1929年初马冰清到昆明女中读高中，和省团委书记李国柱接上了组织关系。她一边读书一边革命，时常与宋方、浦代英和浦卓琳（邓小平夫人）等一起参与学校的学生运动，在学校组织秘密读书会，上街演讲、演剧、散发

杨伟贤生活和战斗过的地方——牛街

传单、书写标语。她还组织学生深入到华强毛巾厂发展团员，进行秘密革命。同年7月11日，军阀混战，昆明东门火药库爆炸，死伤多人。马冰清和女中学生一道，揭露军阀的罪行，发放救灾物资，帮助灾民烧水做饭，组织灾民子女学习文化，开展文娱活动。

1929年年底马冰清调中共云南省临委工作。1930年1月，经中共云南省委书记王德三介绍，马冰清加入中国共产党。她被安排在省委机关协助王德三工作，他们的感情在工作中得到升华，一致的革命信念和追求，终使他们成了革命伴侣。新婚燕尔30余天，王德三就离开妻子前往铁路沿线组织发动武装斗争去了，谁知这一去竟成了永诀。

团省委、省委机关先后出现叛徒。三处省委机关及三转弯省委军运机关被抄，大批党员被捕，一时白色恐怖笼罩昆明。4月24日凌晨三点，窗外电光四射，人声嘈杂，马冰清果敢应对，立即催醒机关联络员江毓渝，并取下机密纸条，拉开窗帘（暗号），做好一切应急措施，十多个特务闯进门搜查，把所有书刊、信函等他们认为有用的东西装了两箱，押走了她和以表妹相称的江毓渝。敌人想从马冰清身上打开缺口，得到他们想得到的东西，就对她进行引诱，许以荣华富贵，不成就对她刑讯逼供。身怀有孕的马冰清面对敌人的淫威恐吓，称自己叫刘淡如，在女中读书，没有参加任何组织和活动，坚贞不屈，视死如归，拒绝写口供，并在20多天后机智果敢地使江毓渝得以保释出狱。国民党经过两个多月审讯，始终得不到共产党的秘密，就以"共党罪"判处马冰清七年零两个月徒刑，投进模范监狱，带上脚镣。无尽的折磨、摧残，对于真正的共产党员来说，只能使人更加坚强。马冰清始终没有暴露自己的身份，她和伏瑞珍等共产党员一起，利用放风和看守不严的机会，秘密联络狱中战友，给"犯人"讲故事，教大家唱歌识字，宣讲革命道理。一曲《铁窗风味歌》激励着战友把牢笼坐穿，大家都亲切地叫她冰姐。马冰清思念着组织，组织也时刻关心着每一个坚强的战士。省委宣传部部长、代省委书记张经辰当即采取紧急措施：一面设法布置全省党的工作，一面调查被捕同志在狱中表现，秘密传送生活用品。马冰清通过夹放在生活用品里的密信，感到了党的温暖、人民的重托，这位上刑都不曾落泪的女强人，眼睛湿润了。

少将马逸飞

1930年11月19日，王德三被敌人逮捕，他想到自己可能要先于马冰清被敌人杀害，就在狱中给她写了遗嘱，鼓励她，安慰她。"人生终有一死，死有重如泰山，有轻如鸿毛，为劳苦大众而死是光荣的。"牢房里的吴澄把自己最心爱的一件毛衣送给了即将分娩的马冰清做纪念，激励战友"要以百倍的勇气和敌人斗争，敌人摧残我们，要我们死，我们就要想办法不让他们摧残，争取活"。在吴澄的组织领导下，女监"难友"更加团结，生活也有所改善。

马冰清为表达战友同志的关心和对革命的赤胆忠心,绣了一对枕套带出狱外,上面题词:"高戈利斧无他赠,卿把粗针献赤心。"12月31日,王德三、张经辰和李国柱、吴澄夫妇四位省委主要领导人在昆明地台寺英勇就义。至此,中共云南地下党省委完全被破坏,分散在各地的党组织和党员失去了与省委的联系。就在王德三牺牲后没几天,他们苦命的孩子纪中在牢房中降生了。亲人牺牲,孩子降临,马冰清产后受寒高烧40余天不退,身体、精神受到极大摧残,经多方努力,得以保释就医。在浦卓琳、浦代英的精心护理下,病情稍有好转,又被国民党投进监狱。马冰清用对党的忠诚,不忘初心,履行了入党时的誓言。

1933年国民党宣布所谓"大赦"政治犯,马冰清得以出狱。由于省委机关遭到严重破坏,马冰清找不到党组织。她决心抚养儿子成人,让革命的事业后继有人。是年秋天,她带着儿子王纪中回到了王德三的家乡祥云县王家庄,和王德三的母亲相依为命。她先后在三英寺和大波那小学担任教师,后任校长,她上养婆母,下抚幼童,分外辛苦。在教学中,始终坚持教书育人,传播革命思想。

1936年,红军长征路过祥云县,全县的中小学都停课了,唯

年轻时期的马冰清

独马冰清的学校没有停课，她在红军进城的那天登台演讲。针对国民党污蔑红军是土匪强盗，她告诉学生们：红军是像你们父母伯叔一样的穷苦农民，他们就是为了解放我们劳苦大众才来的。她还进一步地告诉学生："我的亲人也和他们一样，我的亲人上过断头台。我担保，如果红军来了，同学们掉了一根头发，我都负责。"由于王复生、王德三的革命献身精神在祥云的深远影响，加之马冰清的宣传，她的学生和附近的青年深受教育，许多学生就参加了地下党领导的革命斗争，成为"边纵八支队"的骨干。

王德三的亲哥哥王复生被日军残酷杀害后，王母不堪三个儿子都在革命中牺牲的沉重打击，也病故了。马冰清安排好了婆母的后事，继续教书育人。1937年初，因与党组织失去了联系，封建恶习层层相击，孤立无援的马冰清带着儿子纪中离开祥云县，到昆明谋生，在一个教育院工作，晚上到夜校给工人上课，编排板报。后与省临委宣传部部长李剑秋（中华人民共和国成立后任昭通行署专员）接上了组织关系，接受组织的指示："为了坚持长期抗战，建立广泛的抗日民族统一战线，争取国共再次合作，必要时参加国民党去干工作。"马冰清被党组织秘密安排进入到国民党云南省党部妇女会担任宣传干事，以特殊身份和方式宣传中国共产党抗日民族统一战线的方针。是年秋，马冰清再次遭受沉痛打击——儿子纪中被疯狗咬伤不治身亡！

1939年底马冰清和地下共产党员王飞鹏（又名王正昌）结婚，并和王飞鹏一道回到昭通，任教于昭通女中，接受中共省工委委员费柄的指示开展工作。1942年，根据党的指示，马冰清加入国民党组织（与地下党暂不联系），打入国民党昭通县党部妇救会做抗日宣传发动工作。

1944年至1950年初，马冰清在昭通中学、昭通女中任教。在此期间，曾多次寻找党组织，终未能接上关系而脱离了党。1947年，她收到了从延安返回云南来工作的朱家璧给她带来的50元钱，这是周恩来副主席指示送给她的。周恩来副主席指示朱家璧："王德三、李鑫是我们党的好同志，他们牺牲得很英勇，你从我这里带100元钱回去，分送给他们二人的家属，表示党对她们的关怀。"

马仲明

1927年云南省妇女解放协会盐津分会成立地址——郁文书院

中华人民共和国成立后,1950年至1958年1月,马冰清任昭通城区小学校长、昭通师范学校教师和总务主任。1958年在右派的"补课"运动中,一些中华人民共和国成立前曾经在她家中秘密聚会过的中共党员把她推出来作为"补课"的替罪羊,她被错划为"自首蜕化变节分子""坏分子",被开除了工作,遣送回家,交居委会管制,连基本生活费也没有了。

1979年10月13日,中共昭通地委组织部组监字第95号文件,对马冰清在1958年被错处的决定做了纠正,恢复政治名誉和工作,做退休处理。1992年3月28日,中共云南省委组织部以云组复〔1992〕35号文件恢复了马冰清的党籍。

第二章
如梦家园染水墨

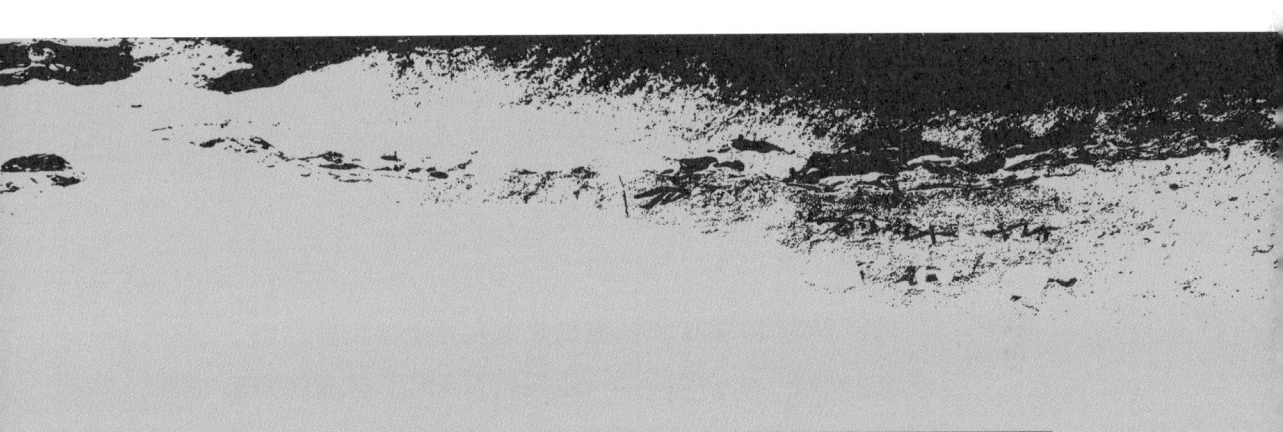

风来古渡，水墨岩城。

有一个地方，山清水秀，河谷纵横。这里气候温和，被誉为"天然的桑拿"；这里空气清新，被赞为"绿色的氧吧"。数不尽的古树名木，为你讲述一段不老的传奇；看不厌的奇花异草，替你洗净一路舟车的劳顿。在这里，每一粒沙子都在呢语；在这里，每一颗露珠都在舞蹈。这里是著名的"中国桢楠之乡"，这里有神奇的"乌蒙峡谷地质公园"。

盐津山水，似真似幻如诗如画

> 有山，有水，江山自然多娇。
> 山水有灵，盐津幸甚！
> 云烟舒卷，听山风吟哦，林泉汩汩；把酒临虚，赏人间妙景，四季花开。
> 在这里，放慢奔突尘网的脚步，让心静下来，贴近自然，感受别样盐津……

老黎山

20世纪40年代，杨光灿先生在登老黎山时，留下一首《纵观黎山四季》的诗歌："一上灵峦万象佳，旷观四季遍天涯。清香暖毽春花嫩，烈日炎蒸夏令嘉。飒飒秋声风搭树，飘飘冬景雪飞沙。若非秦岭云深蔽，看透尘寰百万家。"诗题"四季"，诗歌道出了老黎山之高——高到何许？高到"若非秦岭云深蔽，看透尘寰百万家"！老黎山主峰是盐津第三高峰，海拔1941米。

老黎山在关河西岸，距离盐津县城并不远，但真要到达那个地方，还得费一番周折，盘山公路回旋盘陀，九曲回肠。车在山间周旋，景于车外切换。至柏杨坳，老黎山遥然在望，头顶云霞，身披绿萝，老黎山仿若神仙，在众山朝拱和岚气氤氲中，庄严肃穆，圣洁崇高。

站在老黎山下，抬头仰望，青山嵯峨，目难及顶。面对老黎山主峰，登山是一个艰难的历程，也是一次精神的朝拜。在丛林

老黎山下的飞来寺

密布中循路而上，林中混合着的泥土和腐叶的味道直入心田，令人神清气爽，精神倍增。溪泉淙淙，野花正盛，百鸟争鸣，触目皆景，登山的疲劳随着山路的攀升渐渐退去。

一个多小时后，整个老黎山便在脚下。景随山移，心伴视旷。站在老黎山顶，极目四望，千里无垠。烟光云气中，大佛山、朝天马、凌子口、翠屏山等高峰隐约可见。苍莽群山如涌浪翻涛，从四面八方奔腾而来，攒簇于此。山风拂过，碧浪微漾。在那些起伏的峰谷间，薄雾轻绕，河光沧涟，散落的人烟恍如仙界的楼宇。

就文化品格而言，老黎山属道教之山——其主峰上有黎山老母庙遗址。黎山老母（圣母）又称骊山老母（圣母）或梨山老母（圣母），是道教中地位和声望很高的女神仙，相传樊梨花、穆桂英、白素贞都是其弟子，而"铁杵磨成针"

典故中李白遇到的那个老媪也是黎山老母。在中国的民间传说中，黎山老母乃天地正气智慧之化身，常在天地善恶转化的时候，以神秘身份化现示相，为人指点迷津、传授秘籍法要、救苦救难，因而广被世人崇奉。

据《盐津县志》载，老黎山上的黎山老母庙乃20世纪20年代末四川一个叫金钟信的和尚倡导并集资修建。庙落成后二十多年里，每年农历二、六、九月十九日这天，自川、黔、湘、鄂来观景朝山的游人香客络绎不绝，最多时有数千之众。可惜在后来那场浩浩荡荡的破"四旧"运动中，庙宇被毁坏拆除，而至此游玩朝拜的人也逐渐稀疏。

远眺老黎山

　　遗址犹存，古庙不再。昔日庙宇景况只在想象。事实上，无论是白纸黑字的文字记载，还是口口相传的民间传说，黎山圣母留给世人的印象从来不是奔逐于喧嚣滚滚的万丈红尘，而是远离纷嚷，僻隐深山修身受徒，只在人间纷乱、善恶转化的紧要关头恰到好处地出现，救世救人，救苦救难。檀香果品的奉祭不过是善男信女们对平安幸福的祈愿，往来的步履反倒打扰了神灵的清修，而人间的善念善行更应该是源自本心的自我培养修炼。

　　老黎山主峰西南，有一个叫八阵岭的去处——八阵岭，盐津俗名乱山子。八阵岭也好，乱山子也罢，两个名字都包含着某种说道不明的诡谲。八阵岭之名源自诸葛亮的八阵图。

相传诸葛亮御敌时以乱石堆成石阵，按遁甲分八门，变化万端，可挡十万精兵，《三国志·诸葛亮传》中说诸葛亮"推演丘法，作八阵图"。八阵岭错落着大小不计其数的山丘，仿佛上天布置人间的迷局。这里沟谷交错，怪石林立，竹浪翻涌，岚雾吹息。据说，人进入八阵岭，容易迷失方向，虽辗转逡巡半日而不得出路。真假如何，实不重要，倒是在昔日清朝京铜济运过程中，这里为编织装载京铜的竹篓提供了大量竹材。

八阵岭东南是海拔仅次于主峰的小黎山，上有飞来寺和马湖界至碑。此处原是乌蒙府和马湖府接壤之处，嵌入飞来寺墙壁的

界至碑立于明末天启七年（1627年）。飞来寺始建于何年，无可辨考。与圣母庙遭遇大体相同，20世纪50年代，曾经香火旺盛的飞来寺冷落下来，和尚出走，寺庙失修至毁灭。幸运的是，那场浩劫并未让民间的信仰全然泯灭，数十年后，一些群众对庙宇进行了恢复重建，虽然与原来的规模相较小了许多，而香客也寥落得大不如前，但对奔突于世的人们来说，有庙在，就有精神的寄托和善行的力量。

人言老黎山上可看云海，可观佛光，云海可遇，佛光难求。佛光于旭日初升的清晨或金乌西坠的黄昏出现，人背太阳而立，前方云烟缥缈处，一七彩光环虚明如镜，环中佛影隐约。

佛光不遇，雪景可期。盐津由于平均海拔很低，即便隆冬，亦难见下雪。而老黎山区海拔皆超千米，黎山主峰孤峰突兀，及至冬天，雪景可观。异日冬至，登临绝顶，林泉冷凝，万籁俱息，遥山远望，天地鸿蒙，殊为盛景！

❶ 老黎山云海
❷ 乱山子风光

❶ 中和镇

❷ 神秘的大佛山

大佛山

　　大佛山位于盐津县城西北中和镇大浩村境内，为盐津三大名山之一，其山脉乃盐津县、大关县、永善县和绥江县之交界。因山体似大佛，故以名之。主峰大宝鼎海拔 2054 米，最高峰大雪槽海拔 2263 米，为盐津诸山极高处。山中植被繁茂，古木参天，生态良好，多箬竹，多奇花珍草，多凶禽猛兽，出金银铜诸矿。

　　大浩村在山脚，被西端南起梯子岩、二宝鼎、大宝鼎，北至大雪槽、画匠岩、东折大金山、老鹰岩、南回东端灵官岩、尖子山的大佛山脉环绕着。昔日这里为中和境内大浩驿站和最古老的乡场，曾经乡人游客往来汇聚于此，繁华非常。后来随着治所的迁移和川南古道的荒废沉寂，这里慢慢冷清下来。

　　说到川南古道，就得说说清朝时的中和人杨秀蛟。杨能文善武，聪慧机敏，善破案，为大关厅黎山以北十四乡镇总乡约，维持着一方社会治安。其时，雷音寺、大佛寺香火正旺，四方前来观光赏景的游客和烧香拜佛的香客络绎不绝。经前来拜山的友人的提议，杨一边争取官府支持，一边发动沿线有钱人捐资，历时五年，在原有山路的基础上，用石块、石条砌扣铺成始于普洱渡，经大佛山，抵大关翠华的官道，即川南古道。此道一通，极大缩短了原来从普洱渡经盐井渡和豆沙关五尺道至大关厅的路程。马帮来了，驮铃叮当，马蹄嗒嗒，大浩村商贸日盛，店铺满街，客栈林立，三教九流搅合于此。

　　沿川南古道拾级而上，芳草缤纷，山风拂人。方至卡上，回首探望，千里群山已入眼底。竹笋旺盛时节，道上仍有驮帮，精壮的马群上山驮人，下山驮笋。在嗒嗒的马蹄声中，

大佛山打笋人

时光倏然回流，一切恍若隔世。

大佛山中箐竹繁茂，盛产鲜笋，每年山中鲜笋经漂坝、三江口、细沙、中和等地外流外销。山中竹笋非公非私，鲜笋繁盛时，周边农民结队进山采打笋子。因山中猛兽出没，采笋人进入山林前，总得虚张声势地鸣上几响空枪。

翻过卡上就是大关地界。卡上，几株硕大的珙桐枝繁叶茂，花开正好，大佛山原始森林就在眼前，林海弥望，苍翠盈野。

用"震撼"来概括大佛山原始森林给人心灵带来的冲击是苍白的。在这里，每一棵树，都是一尊菩萨。森林的中心地带，因远离人烟而免遭砍伐，林中不少古树活了成百上千年，仍生命力旺盛，枝繁叶茂地活着。那些站着枯倒着死的老树，无论断臂残肢光溜突兀，还是岁月腐蚀苔痕累累，依

大佛山打笋人

旧枝节遒劲，昭示着生命的广度和力度。死去的，执拗而尊严；活着的，蓬勃而内敛。

"其实我是无论坐在哪里，都能够生活的，哪里的风景都能相应地为我而发光。"贴近自然，归于本真，需要洞悉物我的通透和进退取舍的超然，不是每个人都能拥有梭罗的达观情怀。穿行于这片原始森林，即是一次生命的历练和洗礼。荆棘密布，藤蔓交缠，对一些人而言，这很难说会是一次愉快的旅行，那些红红白白的野花，那些不绝于耳的鸟唱虫鸣，未必能引得出多少闲情雅兴。

披荆斩棘数小时，抵达大宝鼎，已是黄昏。民国版《盐津县志》中说的"清宣统年间依山建庙三楹"已成废墟，古庙宏基遗址和林丛中横七竖八躺卧的横梁、柱子，在清凉的山风中感叹曾经香烟袅袅的鼎盛气象。最低处遗址上，两间简易的庙宇破败不堪，串架摇摇欲坠，庙顶瓦片稀疏散乱，

牛毛毡残破腐朽。庙内七尊木制菩萨，虽经风霜雨雪，仍旧保持着始终如一的庄严神态。破庙右侧，一棵早已枯死的大树，将光秃秃的虬枝伸向天空。

日色渐暗，那些属于大佛寺的晨钟暮鼓禅语梵唱，早已随着坍弛荒废的庙宇，沉寂于岁月的洪荒。

距大宝鼎二十余里的华云山上有个雷音寺，史载明嘉靖六年（1527年）所建，清嘉庆六年（1801年）翻修扩建。雷音寺和大佛寺一样，曾经规模宏大，香火极盛。如今雷音寺境况如何？

大佛山古树

不想去看了。《盐津县志》所载，盐津原多庙观，多建自明代，由于各种原因，大都被荒废弃置。曾访豆沙关观音阁、滩头铜鼓寺，除了一个比丘尼住持，香客寥寥，香炉冷渍。在铜鼓寺，向住持打听寺庙情况，言庙宇屡遭破坏，几为不保。雷音寺最理想的命运，大概也就如此吧！

　　宿大佛寺破庙，夜深不眠。天幕如水，冷月当空，万籁阒寂，凉风袭人。

大佛山古树

三股水彩虹

三股水

在盐津县各乡镇中,柿子坝集镇是距离县城最近的一个,约二十分钟的车程。白水江和关河在这里汇聚,集镇所在地常被称作两河口。从盐津县城出来的车辆逆关河而上,到了这里,直行即豆沙关、大关、昭通、昆明方向,向左为柿(盐津柿子坝)凤(镇雄凤翥)公路。过两河口大桥,为集镇,又前行,即彝良牛街、威信、镇雄方向。

柿子坝集镇南靠马岭岩山系,北临白水江。特殊的地理区位给这个交通重镇烙上略别于他地的风俗印痕。盐津人生活习性近四川,闲暇无事,好喝茶打麻将,很多时候,别家有事,打麻将也是帮忙之一种。接待的朋友说,柿子坝民风淳朴,婚丧嫁娶,帮忙之人不比别处。柿子坝人,闲散之中,多了几分爽索厉行;别处执盘端碗多为男性,而柿子坝通常两女共抬一盘——在昭通，这实在是奇怪的。问缘由，都不知。

柿子坝可赏玩者颇多，白水江、爱情岛、铜鼓山、小石林、龙兴寺、崖墓群……而我们此行的目的地是三股水。

不像很多故弄玄虚的地名，三股水就是三股水，清朗、直白。

三股水在柿子镇南端两河村，与彝良两河乡毗邻。从柿子集镇出发，沿大温沼向着山里行进。公路迂回，天气晴好，车窗外沟谷起伏，林木葳郁。路边，杜鹃花开得红白摇曳，花期正好。随行的柿子坝朋友不断介绍着沿途风景人文，某沟古木阴森，有猴、豹之属，某村风水殊好，人物辈出……柿子坝的山水村店，都装在他的脑海里。

三股水有明三股和暗三股，明三股为朝天马森林烂坝子湖泊跌落断崖的三股瀑布，暗三股为崖底河边涌出的三眼地下水……大温沼河床安静地躺在谷底，见不到流水，听不到水声。

车在山间百转千回。当汽车绕过施家坳，朋友说于此可以看到三股水了。目光穿过车窗，循着山谷望过去，远远的尽头隐约出现一匹断崖，如翠峰碧浪中印上去的一方印痕。又行不远，一条瀑布从河对岸山崖上倾泻而下，水击岩石，轰然有声，飞花乱溅。这是玛瑙瀑布，水源自两河村电站。

不多时，车驶过分界盐津和彝良的石桥前百余米，在三股水悬崖正对面的公路上停了下来。

举目仰望，马蹄状的崖壁沉默着，崖上没有三股瀑布；低头下视，消瘦的三股水河干涸着，河边没有三眼清泉。

三股水风光

"去崖底么？"朋友问。

没有回答，众人沉默。

看着还需拨草捉藤、攀岩跃石的千米距离，看着水枯流断的悬崖，不免兴味索然。我们只能根据朋友介绍，各自让三股水昔日旖旎风光在想象中复活……

三股水悬崖宽1450米，高234米，瀑布分左、中、右三股跌下断崖，水声如雷，震荡空谷。瀑布随季节变化而情状万端，时分时合。更为怪异者，中间瀑布横流，或与左边瀑

白水江风光一角

布汇合,或与右边瀑布纠缠,或三股瀑布合而为一,在谷底旋风的托举下,飞升上涌,喷珠溅玉,甚为壮观。只是此景一出,必有大雨或冰雹。

崖底龙塘潭数百平方米,据传潭中有灵芝,有毒蛇守护。潭水渗入地底,至峡谷前河边分三股喷涌而出,是为暗三股。暗三股与彝良段小溪河汇合为三股水河,下游即大温沼。

可惜彝良修电站,开掘黄草大堰,引烂坝子和龙塘潭之水,凿洞至龙塘潭山脚,明三股和暗三股水量变小,乃至消失。

小溪河不止枯了河,就连溪,也只在雨季里才会残喘呜咽。在工业文明的巨轮轰然行进的过程中,一切美丽的神话,都脆弱得经不住碾轧!

夕阳的余晖渐渐退去。回程途中,青山向晚,河谷静默。前方,城里的夜市正徐徐拉开帷幕……

桢楠、杉木与榕树：林中自有绿荫在

> "一山分四季，十里不同天。"优越独特的气候条件，成就了盐津良好的生态环境。盐津人精心打扮自己的家园，村头村尾，高山峡谷，都要为它披上一件绿色的衣裳，绝不让它娇嫩的肌肤裸露在外头。盐津人深深爱着每一株花草，朱提江边的每一片叶子，都是这片坎坎坷坷的土地幸福的微笑。

桢楠：昔日皇家称栋梁

也许你没听说过，在民间，有一种叫作"团"的计量单位，这个"团"既不是军队的建制，也不表示某一个团体，而是专门用来计算木材数量的。据业内人士讲，一"团"的体积，大约就是一个立方米。如果这也算稀奇，那么有一种木材，它的计价方法就更加奇怪了。它不量木材的长度，也不算它的体积，而是按重量，以多少斤多少两来计算其价值，这种木材就是桢楠，堪称木材中的黄金。

桢楠在书中一般被叫作楠木。茅盾先生在其脍炙人口的《白杨礼赞》中就提到了楠木，并以楠木的"秀颀高贵"去衬托白杨树的"不平凡"。由此可见，单从材质而言，楠木确实是挺贵重的。盐津就是楠木的故乡，境内盛产的金丝楠木，更是楠木之中的极品。如今，桢楠已成为世界公认的珍贵用材树种和乡土风景资源的典型代表，它的纹理斜或交错，木质坚

韧,细腻均匀,是造船、修建以及制作家具的上等材料,古往今来,无论是皇亲国戚还是专家学者,都把桢楠视为"国产珍木"。

在很多年以前,桢楠在盐津并非很珍贵,它像一个农民的儿子,不管长得多么帅气,本领多么高强,从不脱离平民百姓的阶层。即使是现在,随便你走进哪一个村庄,随便造访几座老房子,

都不难见到那些用桢楠做成的柱子、椽子、桌子或板凳。一座山峰，一条河流，盐津人家的房前屋后，往往都有几株高大笔直的桢楠。它们大大方方地撑起一把把绿色的大伞，大鹏展翅一样地伫立在蓝天白云下，尽职尽责地守护着那片青青的家园。你若问起这些桢楠的来历，落了半口牙齿的大爷大妈笑哈哈地跟你说，老祖先当年栽下这一些楠木，也没指望它值多少钱，就只看中了一点，有了它，娃娃们都少受蚊虫的叮咬。前

皇木桢楠

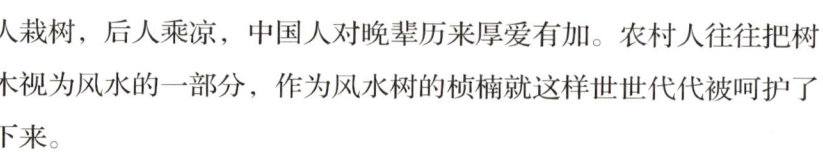

人栽树，后人乘凉，中国人对晚辈历来厚爱有加。农村人往往把树木视为风水的一部分，作为风水树的桢楠就这样世世代代被呵护了下来。

在盐津，桢楠曾让很多人幸运地捡漏。如果弄到几块木板，最好是加些木料做一个书橱；要是挖到个树桩，则要打磨成一个精致的茶几。曾有一个最会捡漏的，只花了一千多块钱，买了几间年久失修的木屋，勉勉强强地居住。多年以后才发现，那座房子从上到下里里外外全是金丝楠木所建造，如果把它卖出去，完全可以新盖几座现代的洋房。

这不难看出，盐津曾经有过数量众多的桢楠。根据物以稀为贵的原则，盐津的桢楠，只能以一个平头百姓的身份，守在这片原始

桢楠种苗基地

封闭的土地上,长期过着平平淡淡闲云野鹤的日子。在那些缺衣少食的岁月,在那些始终都把温饱视为头等大事的年代,普通老百姓,谁会无事找事惹是生非地去炒作桢楠的价值呢?这些被列为国家二级保护植物的桢楠,这些曾被皇家建筑师们执意首选的桢楠,这些常在中外园林建筑中大放异彩的桢楠,若干年以来,在盐津肥沃深厚的土壤中深深地扎根,在乌蒙峡谷温情脉脉的雨露中静静地滋长,无论田边地角、山间路旁,还是沟沿涧侧、丛林野地,只要有白鹭飞过的地方,就有桢楠在深情地仰望。

这是盐津桢楠的幸运,也是中国植物的幸运。

历史上,明、清皇家的好些建筑,都采用了盐津的桢楠。桢楠也因此被赋予了"皇木""国木"的美称。盐津地方志中

桢楠古树林

记载:"乌蒙以北深山,昔产桢楠,山势险峻,人迹罕至,不知年岁,木得其寿,以胜栋梁。"这里说的"乌蒙以北"即指今天的盐津和永善。据《四川通志》和盐津县滩头乡界牌村《营盘壁刻记》记载,明太祖朱元璋在南京建都时,修建宫殿用的擎天柱,就采伐于盐津县的滩头乡。明成祖朱棣建北京行宫时,所用的桢楠,也有从盐津采伐以后运去的。到后来,清朝的慈禧陵墓等建筑,也使用了盐津桢楠来建造。

我们能够想象,浩浩荡荡的伐木队伍,手执寒光闪闪的板斧,翻越大凉山,横渡金沙江,深入乌蒙险境。众里寻他千百度,乘兴而来,满载而归。"坎坎伐檀兮,置之河之干兮。"伐木工人叮叮咚咚的砍树声,与古老关河激越澎湃的江涛交响成一片;《诗经》中淳朴浑厚的劳动歌谣,与朱提江上慷慨激昂的船工号子交响成一片。盐津的桢楠从深山老林悬崖峭壁间轰然而出,一头扎进滚滚滔滔的关河,奔向烟波浩渺的长江,奔向万家灯火的帝都……雕栏玉砌应犹在,只是朱颜改。多少盖世英雄,消失在历史的烟尘里;多少丰功伟业,淹没在岁月的波涛中。盐津的桢楠,立足于皇家的庭院,沐风栉雨,一站就是千百年。

由于山高路远,交通落后,每一根进京的桢楠,都需耗费漫长的时间和不菲的人力,这也在客观上使得盐津的桢楠躲过了过度砍伐的厄运。后来,江南徽州等地的木商,也曾进入盐津的滩头、普洱以及整个关河流域采购木材,他们利用长江水道,把盐津的桢楠贩运到江南、沿海一带去销售,从中获取丰厚的利润。但因运输成本高,被砍伐的桢楠毕竟是少数,没有从根本上对盐津的桢楠造成重大的伤害。

凌霜不肯让松柏,作宇由来称栋梁。改革开放以后,盐津的桢楠受到了政府的重视和保护。

1996年,云南省林业厅将盐津的4棵桢楠列入了国家古树名木的名单。

在牛寨乡的新华村,有一片两亩左右的古树桢楠林。两棵历经两百多年风雨的桢楠,威武雄壮地站在新华小学的门前,像两个竭尽忠诚的卫士。课间休息时,孩子们来到桢楠的脚下,踢毽子,打皮球,上演老鹰捉拿小鸡的游戏。有时候,他们也会拥抱拥抱这对神奇的古树,几双小手连起来,都还够不着。笔直参天的大桢楠,枝繁叶茂,芳香四溢。

每到夏季，附近的村民也会到此处乘凉避暑，闲话家常，亦有文人雅士到此吟诗作赋，对酒当歌。

另外两棵挂牌保护的桢楠长在兴隆乡的大田村，胸径最大近两米，据考证，其树龄已经超过400年。400多年前，当朱元璋的工匠们跋山涉水跑到盐津来采皇木的时候，兴隆的这一对古树，还是两棵小小的幼苗，400多年的风风雨雨，在它们

桢楠古树

的每一寸树皮上，都已写满岁月的沧桑。大田是个名副其实的桢楠村，这里存活着最老的桢楠树，存活着植物王国中几个世纪的奥秘。在两棵古树不远处的一个埂子上，还有一片比较年轻的桢楠林，一年四季翻滚着绿色的波浪，让很多白鹤、丹顶鹤慕名而来，乐不思蜀。翠色晚将岚气合，晨光时有仙鹤吟。汽车开入大田村，摇下窗玻璃，一眼就能看见那些鸟中的贵族，正在桢楠林上翩翩起舞。

临溪插石盘老根，苔色青苍山雨痕。这些古老桢楠的健在，说明盐津的水土适合桢楠的生长。随着桢楠价值的走红，盐津群众种植桢楠的积极性空前地高涨，县委、县政府把桢楠列入全县造林的项目，全力发展桢楠这一珍稀的树种。

在兴隆乡，有人组建了苗圃专业合作社，每年生产的桢楠苗木供不应求。

在牛寨乡，村民何宗元在房屋的周围，先后种了三四十棵桢楠树。绿树村边合，青山郭外斜。在这批桢楠中，树龄最长的已经超过30岁。年近八旬的何宗元老人，摇着一把颇有年月的蒲扇，站在苍翠挺拔的桢楠树下，说：当年种植这一些桢楠，主要是喜欢它的树形和芳香，而且还有驱蚊的效果。现在，他的这一批桢楠，最小的一棵也能价值二十余万元。老人说话的时候，他的孙儿孙媳刚从山坡上下来，他们的计划，是要再种上千株桢楠。

如今，盐津全县已累计种植桢楠数十万株，集中连片面积千余亩。桢楠具有极高的生态价值和经济价值，每栽下一棵桢楠，就栽下了一道亮丽的风景；每栽下一棵桢楠，就攒下了一笔只赚不赔的存款。盐津的桢楠，已经成为一个藏富于民的绿色银行，它所储藏的资本，预期价值已达数亿元。

如今，盐津的桢楠再次吸引了世人的目光。

2015年，盐津县被中国野生植物保护协会评为"中国桢楠之乡"。穿越千年的风尘，桢楠之乡终于实至名归。

2016年，"世界桢楠文化创意园·盐津桢楠国学馆"在牛寨新华村开工建设。数十株上百年的古桢楠，与当地的提督古墓、溶洞群落、峡

杉木林

谷探险、生态牧场等丰富的旅游资源紧密结合，相互映衬。这无疑为古桢楠的保护提供了更加有力的保障。作为一张绿色的"生态名片"，桢楠必将由此走向更加广阔的世界，也必将为盐津这片多情的土地，赢得更多的荣誉和辉煌。

杉木：兄弟生来肩并肩

在盐津，流传着一个比较老土的故事。说是有个地主想赖长年（长工）的账，长年看穿了他的心思，就说我不要钱，你只要给我一弯杉木就行了。一棵弯杉木？这也太划算了吧！地主当即写下了字据。第二天，长年带来好些人，竟把地主的一大片杉木都砍了。地主去阻止，长年拿出字据来，说，你答应给我一湾的

杉木,我还没有砍完呢。地主这才发现上了当,长年硬要把弯曲的"弯"说成是湾子的"湾",众人找遍整片杉木林,也没找到一棵弯曲的杉木,地主只好认了这个哑巴亏。

没错,杉木真是树中的美男,纹理顺直,身材修长而标致。杉木的树身,高的可达数十米,甚至上百米,而且树干不弯曲。

"秋月照层岭,寒风扫高木。"林庚先生在《说木叶》一文中

杉木基地

深入剖析了"木"与"树"的区别，认为木容易给人一种干燥的感觉，而树给人的感觉则是湿润的、饱满的。盐津人把杉木叫作"木"而不叫作"树"，自然也有这样的道理。别说是深秋，即便是在阳春或者盛夏，走近杉木林，你都会感受到一种扑面而来的沧桑，感受到一种惊心动魄的气场。

　　杉木没有片状的叶子，浑身长满尖利的刺针，谁要贸然地接近它，必定付出沉重的代价。盐津人爱让小孩猜谜语——"一个老者高又高，周身背着杀猪刀"，说的就是杉木。小孩子是最怕靠近杉木的，就连飞禽走兽也不得不跟杉木保持一定的距离。那一身的利剑，注定了杉木的孤独与清高，但也避免了很多不怀好意的干扰。杉木的枝丫不长，长到一定的高度，底层的枝丫就会依次地干枯，逐年地脱落。因此，杉木从根部到树干的中部，几乎都是一种光溜溜的纯粹的枯黄，被时光雕刻得粗粝不堪的树皮，令人不忍心触摸。

　　走近杉木林，你会看到满地都是杉木脱落的枝丫和针叶，它们用自己已经死去的身体，铺成一层厚厚的连绵不绝的枯黄。它们紧紧地压住那些不安分的杂草和藤蔓，让它们抬不起头伸不开手脚，以此保护杉木生存的空间。落红不是无情物，化作春泥更护花。杉木不开花，可它的枝叶同样不缺奉献的精神。

　　抬起头，就在这满地苍凉的上面，让目光贴着杉木笔直的树身往上走，走过苍劲的树干，就在快要接近树梢的地方，杉木的枝丫渐渐地密集了起来，舒展了开来，嫩绿的针叶渐渐地葱茏了起来，勃发了起来。成千上万绿色的小针，一排一排地罗列，只留一丝缝隙给阳光，只留一点空间给雨水。那一团团的翠绿在你的眼前悠然地闪耀，每一根锋锐的针尖上，好像都有一个勇敢的舞者在跳跃。

　　杉木笔直的树梢在蓝天白云下高高地屹立。单看一株，傲然挺拔，守其初心，矢志不渝，一副无欲则刚的架势；再看一片，片片整齐，英姿飒爽，气冲霄汉，犹如整装待发的军队。就在那一瞬，你会感觉自己的血液，变得澎湃了起来。

在盐津，老百姓最离不开的树木还得数杉木。盐津人把杉木以外的树木统称为"杂木"，杉木在其心中的地位，由此可见一斑。

当然，像桢楠这样的名木，那是绝不可能排在杂木之列的。如果说桢楠是木材中的贵族，那么，杉木就是木材中的普通民众。桢楠太过于名贵，而且成材期较长，老百姓一般舍不得砍伐，再加上国家的保护，现在就更不能砍伐了。相比之下，杉树的生长就比较快，对环境的要求也不太高，一般只要10年左右就可以成材，因此它最能满足人民大众的需要。

在盐津，无论高山还是河谷，无论陡坡还是平地，随处都可看见杉木的身影。杉木沟、杉木滩、杉木坪，每一个因杉木而得名的地方，都有一段茂盛的历史。

在交通条件十分落后的年代，盐津各地的赶场大路上，经常可以看见扛着一截甚至几截杉木的汉子，他们赤裸着上身，高卷着裤腿，爬坡上坎，跋山涉水，虽说大汗淋漓，但也稳稳当当。这是因为杉木的木质比较轻，很便于搬运。若是换成青冈、板栗之类的木头，恐怕就没有那么轻松了。

盐津的杉木具有良好的韧性，不容易折断，加之它的枝叶比较少，自身没有多大的负担，因而不怕风雪的欺压。杉木天生具有耐腐防虫的能力，不需啄木鸟帮忙，不怕病害的侵扰。杉木什么都不怕？那倒不可能，杉木最怕的是火。但凡上点规模的杉木林，防火都是头等的大事。

杉木易剖分，可以做成优质的板材，可以做成各种各样的家具。这些板材和家具经过细心的打磨，会变得光滑而细腻，颜色柔和，气味清新，总能给人一种美与真的温润感。盐津的农村人，在孩子出生后，都要给他（她）种

杉木

下几棵甚至一大片杉木。等到孩子成年了,即将婚嫁的时候,这些杉木就会派上大用场。如果是男孩,父母要给他做一张崭新的婚床;如果是女孩,娘家要给她置办衣柜、书桌等陪嫁,陪嫁的家具越多,娘家的脸面越光彩。

农村有种说法是,父母欠儿子一个媳妇,儿子欠父母一口棺材。这个说法虽然怪难听,但也从侧面反映出了农村人的朴实无华,生活再怎么困难,他们也不忘记自己肩上的责任。在盐津的农村,几乎每家每户都有几株特别看护的杉木,这些杉木至少要长到20年,长到足够的尺寸,才会选定一个黄道吉日来采伐,等阴干以后,再做成老人百年之后的寿材。如果自家山林里没有合适的杉木,购买一副寿材是比较昂贵的。就在20世纪末,一副标准的杉木寿材,都要卖到三四千元。

杉木曾被广泛用来当作电线杆，在盐津的很多学校的操场上，杉木做成的旗杆曾经升起一面一面庄严的国旗。如今，农村到处竖起了高高的电塔，学校早已换了金属的旗杆，但我们却不能忘记，就是那些普普通通的杉木，曾为山村的黑夜输送了企盼已久的光亮，曾让山区的孩子树立了报效家国的梦想。

以前，盐津人修房建屋最离不开杉木。门窗、隔板要用杉木，房梁、柱子要用杉木。尤其是堂屋顶上的大梁，一定要用上好的杉木。这根大梁一般要由主家的内亲来操办。新房完工的当天，送梁的亲戚要请好些人来帮忙。美酒数坛，叫几个娃娃挑着；大梁一根，由几个壮汉抬着。唢呐手咿咿呀呀，锣鼓手敲敲打打，一路热热闹闹地送到主人新建的府第。主家方面要热情地迎接，然后举行隆重的上梁仪式。随着支客师的一声吆喝，工匠齐齐发力，鞭炮电闪雷鸣，大梁披红挂彩，在众人仰望的目光中，杉木做成的大梁徐徐上升，最后被安放到堂屋屋顶的中央，从此挺起一家的脊梁。

杉木浑身都是宝，杉树皮绵柔厚实，农村人把它一节一节的剥下来，用石头压平整，当作瓦来盖房子，便宜又实惠。杉树皮还有净化水质的作用，海上发生原油泄漏的事件，需要清理泄漏的原油，有人利用杉树皮清理海上的油污，据说效果很不错。就是杉木的针叶，在农村也是相当不错的燃料。

早在1978年，盐津就被云南省定为用材林基地县。公子山、牛塘坝等规模较大的林场，杉木的面积多达数千顷。盐津的杉木主要有水杉、池杉、柳杉和岩杉，这些杉木遍及每一个乡镇，惠及每一个家庭。

杉木就像一群无限忠诚的卫士，坚定不移地扎根于这片并不富饶的土地；杉木就像一个患难与共的兄弟，陪伴辛勤劳作的农人，一起扛过风风雨雨的岁月。杉木是建设材料中的主力军，随着市场需求的加大，盐津的杉木，必将会在相关领域发挥越来越大的作用，也必将会给盐津的百姓，带来更多的实惠和惊喜。

参天大树

古榕：命途多舛的树王

白水江畔，香飘蝶舞。在盐津县庙坝乡一个叫作大屋基的小地方，一棵生于清代的古榕悄悄脱去了泛黄的衣衫，只用几天的工夫，它就换上了一身崭新的绿叶。阳光明媚，岁月静好，榕树伸了伸手脚，向着又一批慕名而来的游人打个招呼。

这棵树叫作印章树，我们还是娃娃的时候，它就比煤油桶子还

古榕树

要粗壮了。走在前面那位姓周的老人,是这里土生土长的居民。他用开着裂纹的手指,指着榕树的顶端说,你看这树冠,浑圆浑圆的,连同这树干,多像一个印章的把柄,榕树扎根的这一个土台,就是一枚方形的印章。根据老人的引导,再联想,眼前的这一棵榕树,真的就越来越像一枚硕大的印章。据说,就在这棵印章树外的方圆十几里,还出过不少的秀才和官员。因此,当地人都把它视为一棵不可缺少的风水树。

为了仔细看清它的真面目,我们需要走得更近些。那真是一株大树啊,它的主干很特别,是由数十条树根,像捆钢缆一样合成的。树干很庞大,需要五六个成人,联起手来方可围住。树干高八九米,在高处突然散开来,分出数十条枝干。枝上又生根,根又垂到半空中,甚至垂到地面上,伸进泥土里。走到榕树的树荫下,游人无不为这神奇的景观而倾倒。

据周老介绍,这棵树的树干之所以这么怪,是因为在很多年以前,这棵榕树的中间还有一株梨子树。榕树的生性很霸道,它的树根疯狂地生长,一年一年地把梨树给包围,最后竟将它活活地吞并。

原来是这样!榕树的生命力实在太强大,强大到让人自愧不如,强大到令人怀疑和敬畏,你随手折一根树枝,随便找个石缝插进去,用不了多久,那里就会长出另一棵榕树。有的榕树眼看就要死去,只要被人大刀阔斧的剔除枝叶,变成一个光秃秃的树桩搬出去,然后挖一个坑,栽好,半把年过后,它又能长出崭新的枝条,枯木再逢春,化腐朽为神奇。在盐津,有人还见过一棵挨着一座寺庙生长的榕树,寺庙不算大,有好几个平方,那榕树不断地用根去缠绕寺庙的石头和砖块,长着长着,最后竟然把整个庙宇都吞并了。

人们喜欢榕树,就是喜欢它那勃发的生机和无穷的魅力,喜欢它那种不畏风霜雨雪,不惧烈日酷暑,不向困难低头,从不放弃一丝生存希望的坚韧和气度,因此人们才会爱慕它、敬

仰它、保护它。

印章树的树身上，常被人挂上一些红布条。还有一些人，抱着香蜡和纸钱，要到树下来焚烧。周老很警惕，见到这些人，他统统要赶走。

树不能成仙，成仙以后就完了。周老一遍一遍地告诫游人和周围的居民，号召大家一起保护好古树。除了这棵印章树，在他的心里，还装着一棵更加古老的榕树。

在白水江边，庙坝的街头。另一株号称"千岁"的古榕张开巨大的绿伞，静静地注视着江河两岸的花开花落，云卷云舒，默默地聆听着一个镇子的家长里短，纷纷扰扰。早上或下午，上学下学的儿童一队一队的，从它的树荫下走过。榕树的嫩叶可以吃，味道酸酸的，当地人称之为"黄葛泡"。有时候，嘴馋的孩子就会从地面高高地跃起，或者攀到它的树枝上，伸出黑不溜秋的小手，摘下三片两片尚未开卷的嫩叶，津津有味地咀嚼。晚一些时候，种地、做工的男人回家经过这里时，也会在此短暂的停留，哼一首小曲，抽一锅旱烟，一天的劳顿就此消去了大半。夜幕降临，榕树正想眯眯眼，一对情侣又来到它脚下，背靠硕壮的树干，头顶漏过树荫的星月，卿卿我我，海誓山盟。

那棵千岁古榕安安静静地，陪伴着小镇的一代代居民，见证

古榕树

古榕树

他们的勤劳和本分，分享他们的欢乐和忧伤。它从北宋时期一直伫立在那儿，900多年的风雨，它已成了名副其实的"树王"。就连那棵印章树，也只算它的玄孙子。

然而，树欲静而风不止。尽管千岁古榕没有丝毫的骄傲，但是当地居民却对它越来越迷信。不知哪个好事者，瞎编了一个托梦显灵之类的传言，一向不惹世俗恩怨的古榕，糊里糊涂的，就被人尊为了"黄葛大仙"。人们继而构筑了拜台，奉之以香火。可怜这棵历尽沧桑的树王，自此就被迷信的乡民，一步一步推向了地狱。随着榕树的名气越来越大，到此许愿的人越来越多，他们固执地认为，香蜡烧得越多，纸钱燃得越旺，树王就越能够显灵。更有甚者，竟把纸钱直接靠到树干上燃烧。榕树被折磨得生不如死又无可奈何，它恨人们的愚昧，它怨自己不能真正的显灵，如果能，它一定要把那些人轰得远远的，不准靠近它半步。

这些事大抵发生在"文革",在那个风雨如晦的年代,鸡犬不宁人人自危,谁也不愿管这等闲事。十余年过后,千岁古榕的树干,竟被纸钱给烧空。后来又有人在此开了一间铁匠铺,也没人去管,烟熏火燎,日复一日,一棵修道千年的古树,就这样被活活地烧死。

如今,庙坝的街头,依然可见那棵古榕的残骸。走近它,就如同走近一段悲情的岁月。站在古榕遗骸的跟前,闭上眼,榕树庞大的树干慢慢地站起来,根如蟠龙,皮若裂岩。它像一个千岁的老人,仙风道骨,衣袂飘飘。古榕捋着长长的胡须,笑眯眯地看着一群七八岁的小孩子,在它的脚下玩着橡皮筋,弹着玻璃球。不远处,两个老者正在聚精会神地砍象棋,有人停下来观战,有人在给他们添茶水。

竹林、竹笋：一只熊猫与一个童话

> 独坐幽篁里，弹琴复长啸。羡慕过《笑傲江湖》中神仙眷侣的潇洒，惊叹过《十面埋伏》中刀光剑影的诡秘。追寻个无风无雨的日子，顺着那条青石板小道，走进一片幽静的竹海，穿越一段浪漫的时光。恍然间发现，其实熟悉的地方，也有美丽的风景。

竹林：竹声新月似当年

宁可食无肉，不可居无竹。长久以来，文人雅士对于竹子的喜好，竟是如此的深切。但那多是出于某种精神的寄托，或者审美的偏好，普通百姓爱竹子，首先是源于它的实用价值。

盐津人与竹子的关系很密切。不必说竖笛、横吹的优雅，也不必说文房四宝中纸笔的飘逸，单是随处可见的竹筷、背箩与簸箕，竹竿、竹篱与竹楼，笤帚、斗笠与竹扇，就可看出竹子在人们日常生活中是何等的重要。

据说曾有一个技艺精湛的篾匠，去给主人家干活。主家只说要他制作"朝天拱背""朝地拱背"和"蹲起使劲"这三件竹器，其他再无说法。篾匠跟竹子打了半辈子交道，搜肠刮肚竟不知道这三件竹器为何物。思来想去，既然是朝天朝地的，肯定得用不少的竹料吧。于是篾匠忙活了半天，砍来几十根竹子，堆了半人高，却还是不知道该如何下手。正好主家的儿媳

打娘家那回来,篾匠连忙上前请教。年轻媳妇听后哈哈大笑说,好你个师傅,"朝天拱背"啊,不就是甑底子吗?"朝地拱背"啊,不就是筲箕吗?还有"蹲起使劲",其实就是吹火筒啊,你砍怎个多的竹子干哪样嘛?

　　这个故事是说,人要善于动脑筋,从中也可看出人与竹子的情结。以前,在农村,你到处可以看到人们用竹子搭建的便桥,用竹筒连接的水渠。随着社会的发展,生产工具不断地改进,很多传统的竹器渐渐退出了人们的生活,但是人们对竹子的创造性开发,却从没停止过。

在盐津，有人生产了一种很特别的竹筒酒。他在竹子尚未长硬的时候，用注射器将白酒注入竹节中，让白酒吸收竹子的清香，随着竹子的生长而酝酿。等到竹子长老以后，再将其一节一节地锯下，贴上标签，系上彩带，清纯绵柔的竹筒酒，从一张用竹叶铺成的地毯上启程，带着泥土的气息，带着朝露的润泽，走进超市、专卖店，走进一群亲朋好友其乐融融的欢笑中。

在兴隆乡的底平坝，柏兴公路蜿蜒穿过秀丽的村庄，路边上，一排高大的厂房格外抢眼。盐津"亚太竹纤维"的生产车间里，机器轰鸣，技术人员正在手把手地指导工人们作业。在这个占地数十亩，投资几亿元的现代工厂里，他们要把那些堆积如山的竹子，通过复杂的工艺，提炼出优质竹纤维，再将它们运往其他的工厂，制作成高质量的竹纤维产品。在底平坝周围，几十万亩苍翠的竹林正等待

❶ 钓鱼茨
❷ 斑竹

楠竹

着有序的开发，几千户竹农正在掀起一轮竹子栽种的高潮。粗略估计，单是这个厂，每年就能给当地居民带来千万元收入，昔日的高山荒山，一夜蜕变成了金山银山。

盐津的竹子分布广，有很多地名为证。黑笋沟，山沟两面长满了黝黑的竹笋；苦竹坝，整个坝子都是密密麻麻的苦竹；水竹坳、斑竹林、楠竹湾，每一个地名都是一片青翠的海洋，每一片海里都在翻滚着绿色的波浪。

盐津的竹子品种多，我们不妨数一数。水竹、茨竹、硬头黄，是造纸的好料；楠竹、苦竹、黄皮竹，是笋产品的主力军；斑竹、罗汉竹、人面竹，可以做成盆景、工艺品。

在古装影片中，很多武打的情节，都会选在竹林中拍摄。竹林

浩渺无边，深邃悠远，导演可以在此设置重重的机关，营造腾腾的杀气，然后让他的侠客，在这样一个立体环境中飞天入地，除暴安良，展现绝世的武功和完美的人格。在现实中，竹林却是宁静祥和的。盐津的竹林，没有萧萧的剑气，没有恐怖的陷阱，有的是鸟儿的飞翔，和虫子的歌唱。

最勇是楠竹。

楠竹令人惊叹的是它的那种生生不息的力量。楠竹笋的个头大，往往一出土就有碗口那么粗。乱石堆、悬崖上、沟壑边，只要能够生长的地方，楠竹都会想方设法地将它长长的竹根延伸到那里。为了开辟一块新领地，楠竹的竹根会翻越裸露的岩石，像打隧道一样钻过挡路的水沟，当它占领一个地方后，立马又向周边去扩张。楠竹的竹根很顽强，即使母株被砍掉，它也会在来年的春天里，托出一个尖尖的笋包，然后长成一棵高大的楠竹。楠竹那种开疆拓土一往无前的精神，堪称竹中的勇士。

楠竹一副高大的身板，能够承受千斤的重量。楠竹做成的柱子，可以替代同样大小的木头。闻名全国的盐津"高竿狮子舞"表演，其中最为重要的道具，就是一根茁壮的楠竹。历史上，关河水面飞奔的筏子，也用的是楠竹。在一些景区，楠竹常被剖分成竹片，制成竹椅和竹凳，盖成漂亮的竹楼。农村人用半边楠竹做一根扁担，挑起百余斤的两桶水，晃晃悠悠，也不会折断。

最柔是水竹。

比较起楠竹，水竹就要秀气得多了。水竹没有楠竹那种攻城略地的本领，却有惜土如金步步为营的品格。一平方米土地，就能养活十几棵水竹，密密麻麻，水泄不通，水竹凭借人多为王的优势，在总量上往往会超过楠竹。

七月流火，乌蒙大地即将迎来盛大的收获。盐津的

篾匠师傅们整天地忙碌着。他们要在这短暂的时节里，用那长满茧子而又十分灵巧的双手，编制出数量庞大的背篓、箩筐、晒垫等农具，供给十里八村的老乡，作为收割庄稼必需的装备。到了赶集天，篾匠们把数十个背篓重叠起来放在自己弯曲的脊背，乡间小道上，一座座高耸的竹塔晃晃悠悠地移动。现在村村通公路，那些竹器就被装上了农用车，摇晃的竹塔变成了奔跑的小山。

硬头簧竹

加工竹笋

水竹的竹节比较长，篾条匀称光滑又柔顺，具有其他竹子无法替代的优点。茨竹篾条的韧性很好，但它少了些硬度，做成背篓不挺实，造型不硬朗，因此就被用来搓绳子。盐津柿子坝的方形背篼很出名，小巧精致，坚实耐用，就连城里人也很喜欢。

每年，盐津都有数万吨的竹产品，经过能工巧匠的打磨，翻山越岭，走向全国各地的市场，走向人们挥汗如雨的地方。在这些竹器中，楠竹、水竹扮演着绝对的主角。像紫竹、人面竹这类供人观赏的竹子，是挑不起这副重担的。

竹笋：一味山珍千般苦

夏始春余，来自四川盆地的暑气渐渐逼近乌蒙大峡谷。盐津人的餐桌上，准时添加了一盆清新爽口的苦笋汤。真的是一盆，用碗盛来太小气，而且吃得不过瘾。

苦竹的名称，就源于它的竹笋微苦的味道。其实，苦笋靠近根部的两节，

不苦反而甜，只是比较硬，一般不用来做菜，所以苦竹在盐津也叫作甜竹。如今，苦笋走俏的时候，两斤苦笋值一斤猪肉。苦竹能生吃，清脆鲜嫩赛水果，小孩子们钻进苦竹林，刨出几根硕大的竹笋，剥去竹笋壳，照着甜的地方啃几口，啃到带有苦味的一大截，随手抛进草丛中，成为蚂蚁虫子的大餐。那家伙，阔绰！

长大后，苦竹多半都用来做竹竿，我们说某人瘦的像根晾衣竿，那晾衣竿也多半是苦竹。因此，苦竹的价值主要还是体现在食用上。

盐津人爱竹，竹笋就是大自然对爱竹的人深情的回馈。竹笋是盐津美食一绝，也是昭通人拿得出手排得起号的特产。竹笋色鲜味美，兼有美容减肥之功效，颇受世人青睐。

还有好几种竹子，也是以大量繁衍竹笋为特长，盐津外销的竹笋，当数黄皮笋最多。

还是在春夏之交，盐津的打笋人又开始忙活起来了。蓑衣、斗笠、大背篼、水胶鞋、蛇皮口袋和干粮，进山之前必须准备好。盐津好些乡镇都有面积不小的笋山，其中庙坝、柿子的笋山最广阔。

打笋绝非一件轻松的事情。每一片竹林，都是上天给予人类的

精美的笋产品

恩赐，每一棵竹笋，都凝结着打笋人辛勤的汗水。笋山一般都在海拔较高的地方，道路崎岖，路程遥远，人迹罕至。山上潮湿阴冷，云雾缥缈，烟雨蒙蒙。打笋人常常遭受藤蔓的羁绊，荆棘的刺伤，蚊虫的叮咬，有时还会遭遇野兽的攻击。笋山基本无公路，每年，这里成千上万吨的鲜竹笋，全由一批又一批的打笋人，从深山老林里肩挑背磨地搬出来。然后还要剥笋壳，过开水，经过若干道工序，最后才能打包装车。盐津的竹笋，自此踏上遥远的征途，漂洋过海，远销台湾、香港。

盐津的竹子特别多，竹笋产量特别大。在这些莽莽苍苍的竹林里，曾经诞生一个忧伤的童话。

2016年，盐津森林公安成功侦破一起猎杀贩卖大熊猫案件。一则"盐津发现大熊猫"的新闻引起了人们广泛的关注。无奈大熊猫已经被猎杀，令人万分的遗憾。此后，有关部门和各路记者匆匆赶赴盐津普洱龙台村，可惜再也没有发现熊猫的踪迹。

这是一个令人伤痛不已的童话，熊猫再也没有走出斑竹林，再也没有走进孩子的眼睛。这个意外的事件，没给大家带来温暖和喜悦，却在客观上展现了盐津生态的完整和优良。据统计，经过多年植物资源的保护和扩种繁殖，盐津的竹林面积已有将近3万顷，这么多的连片野生竹，引来熊猫居住也就不足为怪。盐津到底有没有野生大熊猫？被害的熊猫究竟来自何方？那些连绵起伏的群山，那片曾经收容庇护了一只落魄熊猫的竹海，到底还隐藏着哪些不为人知的秘密？相信通过专家实地的科考，我们一定会在不久的将来，揭开它那神秘的面纱。

兰草和茶花：我从山中来

> 沾衣欲湿杏花雨，吹面不寒杨柳风。温暖湿润的空气，赐予盐津人天然美白的肌肤，盐津盛产美女，盐津盛产花木，这里森林茂密，繁花似锦，一年四季，蝶舞蜂飞。

兰花：袅袅独立何菲菲

我从山中来，带来兰花草。无论春寒料峭的三月，还是烈日炎炎的盛夏，不管在街头巷尾，还是在农家小院，在盐津，你随时可以闻到兰花扑鼻的馨香，随处都能撞上兰花盛开的姿容。在盐津，只要多留个心眼，你会惊奇地发现，在那一片温暖湿润的空气里，不经意之间，总会飘过一丝淡淡的兰花的味道。

寻访盐津野外的兰花，最好是在早春的时节。换上一身轻便的行头，约上几个花痴与花伴，徒步，一定要徒步，走进寂静幽深的山谷，走进一片馥郁的花香。顺着鸟儿热情洋溢的呼唤，跟着小溪轻言细语的引导，在大自然的天籁中徜徉，在宇宙的画卷中穿行。走不出多远，一株，两株，一丛一丛娇媚的兰花，就像跟你玩捉迷藏的少女，在你满含期待的视线里东奔西跑，忽隐忽现。

就在那些荆棘密布的草丛中，或者在那悬崖绝壁的石缝里，甚至在一蓬落叶的怀中，在一截枯木的头顶，凡你目之所及，心之所

春剑大荷素

向,到处都是兰花的居所。它们有的叶指长空,好似倚天的宝剑;有的新蕊初露,半含娇羞的神态;有的遗世独立,宛若淑女之静美;有的随风起舞,尽显绅士之风范。在这样一个宁静的午后,往往令人忘记了时间,忘记了归程。

孤兰生幽园,众草共芜没。山之眉,水之睑,在盐津,大凡有山的地方,多半都能发现兰花的身影。这些花中的君子,不管岁月如何匆忙,不管世事如何变幻,它们始终心如止水,淡定自若,坚定地恪守着属于自己的那一份幽寂,共享清风明月,谛听泉水松涛,沐浴山岚清露。孔子云:"芝兰生幽谷,不以无人而不芳。"兰花的气质是高雅的,兰花的性格是独立的,兰花的精神更是自由的。这,也正是许多人对兰花情有独钟的缘故。

盐津的兰花,其香清幽脱俗,飘忽不定,若即若离,醉人心脾。当你漫步在幽静的山谷,当你伏案于雅致的书房,一阵

春兰冠神

微风飘过，一缕清香来袭，顿时让你神清气爽，浑身倍增活力和朝气。盐津兰花神奇的香味，令人痴迷而留恋。

盐津的兰花，其形风流倜傥，飘逸潇洒，有的温柔妩媚，有的刚健苍劲。千古幽贞是此花，不求闻达只烟霞。在它们身上，你可以感受花的朴实，花的端庄，花的品格，花的精魂。

盐津的兰花，其韵丰厚高雅，不与桃李争艳，不因霜雪变色；不辞人间烟火，不媚权贵世俗，如梅之端庄，如荷之轩昂；如牡丹之华贵，如水仙之灵秀。玉肌翠骨，风姿绰约，孤芳自守，刚正不阿，齐集百花之内涵，包罗百花之精华。

兰生幽谷无人识，客种东轩遗我香。在物资条件匮乏的年代，人们大多无暇欣赏兰花的美丽。直到20世纪90年代，盐津才忽然

佛兰

兴起了一股空前绝后的兰草热。那时候,从汽车站到县大街,从东风大桥到农贸市场,到处都能看见售卖兰草的农民,不是背着一筐,就是抱着一捆,或者拎着一大蛇皮口袋的兰花。大家争先恐后地围上去,像买蔬菜一样地左挑右选,像做生意一样讨价还价,到最后,多多少少总要弄些回去才甘心。还有一些穿着时髦,吹着口哨,拿着三五几株所谓名贵兰花自吹自擂的商贩,他们随便往哪里一站,很快就会引起人们高度的注意。真是凡有人流处,必有兰花香。家家有兰花,户户育兰草,这样的说法在当时的盐津一点也不夸张。在学校和某一些单位,兰花养到一百多盆的人并不在少数。甚至还有一些人,养花卖花上了瘾,狠心辞了铁饭碗,将一门心思全部交给了芳香洋溢的事业。

那时候,盐津兰花中比较常见的就有春兰、墨兰、蝴蝶兰等品种。

春兰是兰花中最为广泛的人民大众,它的数量众多,天生一种吃苦耐劳坚忍不拔的品性。常绿斗严寒,含笑度盛夏。春兰无须娇生惯养,更不养尊处优,能够适应各种复杂的环境,无论身处幽深阴暗的角落,还是立足干涸贫瘠的土地,春兰都会克服重重的困难,努力获取水分和养料,尽情展现生命的执着和美丽。

墨兰的花朵并不是黑色,它不怕炽热的阳光,不管太阳有多酷,墨兰都会尽情地绽放,开出一身粉红的花朵。若在酷热难当的夏日,当你心情烦闷的时候,当你精神疲惫的时候,看一看墨兰挺拔的身姿,闻一闻墨兰的沁人芳香,也许你就会忘却天气的炎热,忘却工作的紧张,感觉生活依然那么美好。

蝴蝶兰的颜色多种多样,价格也比较便宜。但它绝不同于那些随随便便自生自灭的花草,兰花为花中四君子之首,再普通的兰花也有不平凡的精神和气质。蝴蝶兰的独特之处在于其外形,它的花朵就像翩翩飞舞的彩蝶,舞步轻盈,仪表大方,

微风过处，一只只盛开的蝴蝶轻轻舒展优美的翅翼，好像就要飞上天空自由地翱翔。

在当年，盐津兰花炒得比较热的当数金边兰，后来又有银边兰。这两种兰花的叶片上镶有金色或者银色的边线，很好辨认却不容易碰见。在当时，一株金边兰的价格就被炒到上千元，大凡行业中人，均以拥有几株金边兰作为显赫身份的资本。

尽管这样，金边兰亦非盐津兰花之冠。进入新世纪，有人培育出了一株狐狸兰，那是一株产自盐津的春剑奇花，堪称兰花之中的神品。但若比之曾在盐津发现的佛兰，那也只能算是小巫遇见大巫。20世纪90年代初，盐津曾发现了被业界称为旷古珍品的佛兰。佛

兰因其花蕊极像佛祖打坐的形象而得名，气质非凡，为当世之罕见。笔者虽为盐津之土著，多年来，也未能一睹佛兰之风范，只在一本兰花画册上，有幸见过其照片。在照片的下方，各种兰花不管几千几万元都有一个参考的价格，一看那佛兰，居然是：参考价无价。虽然也能够理解，可能是画册的编辑者，当时未能获知佛兰市价的缘故，但是关上那本画册后，笔者彻底断绝了一睹佛兰尊容的妄想，无价之宝啊，谁说想看就能给你看？

佛兰珍贵到如此，除了其形态的独特，品质的高贵，更因其为数不多，举世稀有。即便是其他普通的兰花，它们的繁殖生长也不是一件轻而易举的事情，一株兰花从发芽生长到开花，少说也要三五年，有的甚至需要十几年，沐风栉雨，迎霜斗雪，战胜疾病和

❶ 夏兰斗艳

❷ 春兰多瓣奇花

天灾，就像一个呱呱坠地的孩子成长那样的艰难和漫长。盐津兰花在当年的大肆炒作中也被过度地挖采，虽然人工养殖的越来越多，但野生的兰花却几近濒危。在这样严峻的形势下，许多有识之士开始呼吁保护野生的兰花，甚至果断停止兰花的买卖，经过长期不懈的努力，盐津兰花终于躲过一劫，稍稍恢复了元气。

春剑副瓣蝶

芳名誉四海，落户到万家。最近，中国兰花协会、云南兰花协会、云南植物研究所等多家单位和企业相继派人来到盐津，对盐津兰花的种植进行了实地的考察。盐津温和的气候、干净的土壤和优越的生态环境获得了研究人员高度的评价。未来几年内，更多的兰花名品将会落户盐津，更多先进的种植技术将会进入盐津。相关企业将会发动群众种植兰花，带动大家脱贫致富，挖掘盐津兰花文化，打造盐津兰花品牌，让盐津兰花的芳香，飘向更远更远的地方。

夏素

茶花：残雪烧红半个天

❶ 玫瑰
❷ 恨天高

不知是哪一年，哪一月，哪一天／也不知是何许人／用了不为人知的手法／把你从我的身边／悄悄地骗走……

这是一位不知姓名的游客，在盐津县兴隆乡的茶花园里留下的诗句。这首诗的灵感，来源于一个当地的传说。

据说很久很久以前，在遥远的天宫里，护花使者日日夜夜守护着满园的琼花和仙草。有一天，护花使者不慎喝醉了酒，醒来时发现，自己最喜欢的那一株茶花仙子，竟然不知被谁偷走了！天帝一怒之下，将护花使者贬下凡尘。使者扮成一花农，以卖花为名，走遍三山五岳，大江南北，四处寻找丢失的茶花，冬去春来，历尽磨难和沧桑。千百年之后，他来到了盐津，在一个名叫公子山的地方，护花使者终于找到了从仙宫里出走的茶花。原来，茶花并不是被人给偷走，而是厌倦了天庭的单调，自己偷偷溜到了凡间。护花使者也为公子山的美景而倾倒，再不愿意回到天上去，于是化为一棵茶花树。茶花仙女感念护花使者千年的寻觅，遂与之结拜成连理，从此以后，公子山周围，年年开出越来越美的茶花。

这一个传说，当然不能揭示盐津茶花的起源。但是兴隆公子山，的的确确是一片养育茶花的乐土。

公子山山脉绵延数十里，连接着田坝子、二坪上、九谷岭和段家坝等一大片土地。这些土地不肥不瘦，不干不湿，表层盖着一层厚厚的腐殖土，加上阳光充足、雨量充沛，因此特别适合茶花的生长。

寒冬腊月，万物萧瑟。在公子山的茶花园里，你却看不到一丝丝枯黄，公路边、小溪旁、房前屋后、村头村尾，满地都是亭亭玉立的茶花树，满眼都是大块大块的翡翠。这时候，你也可以看见花农们在茶花地里辛勤地劳作，除草、松土、修枝剪叶、捉虫施肥，在他们的精心伺候下，再过两个月，闻香而

粉霞

来的蜜蜂,将在这里举办一场春天的盛会,漫山遍野的茶花,将把兴隆绽放成一片最壮观的茶花海。

在中国,茶花有着极高的地位。别的地方且不说,单是在云南,茶花就被推选为云南的省花,云南大理的州花和昆明的市花。

在武侠小说《天龙八部》里,金庸借助段誉的一通夸夸其谈,将云南的茶花名品历数了个遍。可惜当年,我们关注的总是武打的情节,未曾认真研究蕴含在故事之中的地域文化。现在,让我们也来学学段少侠,看看盐津的茶花,都有哪些摆得上桌面。

出盐津古渡头,北上三十里。二月初的九谷岭,春寒料峭。这里因为拥有九座较大的山岭而得名。这些高高低低的山岭上,全都种上了名贵的茶花。在花农段大娘的花园里,几个穿着时髦的年轻人正在一排茶花树前争抢着拍照。这些花的花朵很特别,每朵都有各不相同的形状,有的丰腴,有的清瘦,有的浑圆,有的见方。而且每朵都有各不相同的颜色,红的全红,紫的全紫,粉的全粉,白

的全白，泾渭分明，绝无半分的混杂。

　　它就是著名的十八学士。文质彬彬，气度非凡，为中国茶花之中的极品。段大娘笑呵呵地叫孩子们把每棵树上的花朵数一数，他们惊奇地发现，这种茶花每株都开十八朵，不多也不少。这还不算啥，大娘告诉他们说，这些花儿呀，开的时候一起开，落的时候也是一起落，真是同甘共苦呢。

　　走过九谷岭，来到二坪上。不远处，一群穿得花枝招展的小朋友，正在蓝天白云下向你热情地招手。等到走近了，才发现跟你打上招呼的，不是小朋友，而是一片活泼可爱的茶花。它们的枝条粗短而密集，就像小孩频频挥舞的手臂。它们叶子的边缘，长着细细的锯齿，又让你想起孩子的指甲。它们的花瓣一律比较圆，就像小孩肉嘟嘟的脸。那些初开的花朵，脸上一抹淡淡的粉色，略带些红晕,像极了几岁小孩的脸庞。这就是驰名中外的童子面茶花,系云南八大名花之一。花形艳丽缤纷,极具观赏价值。从树形到花朵,童子面茶花,怎么看都像一个可爱的孩子。

童子面茶花的花期长,盛开三个月之后,一阵春风掠过,才带走它的最后一片落英。

登上公子山主脉。山梁上,数百株比童子面更矮的茶花树,像一群席地而坐的童生,正在聆听圣贤的教诲。"谁道体短恨天高,叶绿花艳总妖娆。"对,它们的名字就叫"恨天高",因植株矮小、生长极为缓慢而得名。由于生长缓慢又难培育,使它成了云南山茶中最为珍贵的一个品种。

恨天高,不由得让人对这片曾经默无声息的高山肃然起敬,对在这山上世世代代守望的农民肃然起敬。几多风雨,几多期盼。多少年的辛苦,多少年的纠结。现在,他们终于让这满地的花香,取代了那个曾经荆棘密布的家园。

除了十八学士、童子面和恨天高这三种声名显赫的品种,盐津比较有名的茶花还有朱砂紫袍、叠红玫瑰和狮子头。走在田坝子的水库边,你会看到好些花朵上,都站着一只正在专心采蜜的蝴蝶。很奇怪,哪怕你走到了跟前,甚至伸手去触摸,那些蝴蝶也不会飞走。问一问导游,你才知道上了当。你不是遇上了蝴蝶,而是遇上了盐津茶花的又一个名品——花蝴蝶。

"树头万朵齐吞火,残雪烧红半个天。"一缕清风,一夜甘霖,随着几声清脆的鸟鸣,盐津的茶花,就在如诗如画的春天里,铺天盖地地盛开。

满树满树的鲜花,就像五彩缤纷的绸缎,夺人眼目,摄人心魄。一张张绽放的笑脸,那么张扬,那么欢畅。有的还在梳妆打扮,有的已经闪亮登场;有的腰肢曼舞,有的纵情歌唱。还有的,躲在绿叶的怀里,犹抱琵琶半遮面。阳光照耀下,这些楚楚动人的少女,在这朝露未晞的清晨,尽情舒展婀娜美妙的身姿。

几个礼拜后,每一株茶花的脚下,都铺上一床艳丽的地毯。厚厚的,软软的,连绵不绝,无边无际。满地黄花堆积,再过几

❶茶牡丹
❷童子面

①

②

个周，公子山减去了苍翠的颜色，彻底变成一片茶花的海洋。

情窦初开的少男少女们，就像一群报春的小鸟，叽叽喳喳，一头扎进这片火红的波浪。摘几朵插到头顶上，女孩就变成了仙子。捧一把抛到天空中，男孩就秀出了文章。有的干脆直接躺下去，用一个放纵的姿态，去聆听跟随心跳一起波动的花潮。

男孩的奔跑惊动了身着婚纱的新娘，新娘变成了娇羞的花朵。女孩的欢笑打开了画家的灵感，女孩变成了画中的风景。每一个游人，都在寻找最佳的角度，要把这里的美山美水、美花美女，连同清香的空气，装进照相机，带回去，与人细细地分享。

"花近东溪居士家，好携樽酒款携茶。"茶花在故人的酒杯里绽放。"玉皇收拾还天上，便恐筠阳无此花。"茶花在远古的神话里绽放。盐津的茶花，只在你的心坎上绽放。它没有冠冕的头衔，却有自强不息的精神。它没有厚重的历史，却有后来居上的勇气。这就是盐津的茶花。扎根于这块平凡的土地，开枝散叶，岁岁年年。

雪眩

大鲵：夜半娃娃鱼下滩

> 乌蒙山深处，有一座美丽的山城，你一定要去逛一逛；滇东北腹地，有一个温柔的水乡，你一定要去转一转。这就是盐津。在这里，有很多古怪的石头在等你来把玩；在这里，有一群欢快的鱼儿在等你来赴约。

细雨鱼儿出，微风燕子斜。如果你来到盐津，你一定要跟一条河流，来一次亲密的接触。

这条河名叫关河。除了金沙江，关河就是整个昭通最大的河流。

如果说，水是一条河流的生命，那么，鱼就是这条河流的灵魂。只有深情的河流，才有干净的河水，只有干净的河水，才能养育出具有灵性的游鱼。没有鱼儿的河流不会有故事，没有故事的河流，不会淌进孩子的梦乡。

关河在盐津，就是一条令人魂牵梦萦的河流。多少孩子在她广袤的沙滩上玩耍，用七彩的沙石，堆砌瑰丽的城堡；多少船夫在她激越的浪涛里颠簸，用窄窄的木船，摆渡平凡的人生。沿河百里，数千人家，关河不舍昼夜的滚滚波涛里，匆匆带走多少漂洋过海的商旅，悄悄淹没多少英勇无畏的渔人？

关河的水产历来很丰富。直到现在，关河河鱼依然是盐津美食的一张闪亮的名片。鲢鱼、鲤鱼、黄辣丁、青波、白甲、石巴子，关河河鱼数不胜数，来盐津做客，若不让你尝一尝河

鱼，主人准会感觉没面子。但有一种大鱼，你是只能够观赏，却不能吃到的。

这种鱼就是声名远播的大鲵。它是一个来自远古时代的物种，被人称作两栖动物的活化石。

那是一种长相怪异的鱼儿。

乍看有一点像蜥蜴，全长可达一米以上，体重最重超百斤，体表光滑无鳞片，背上穿着一件色彩斑斓的衣裳。

那是一种会哭会闹的鱼儿。

大鲵前肢四指似人手，后肢五趾如人足，嘴扁口大，叫声酷似婴儿的哭泣，因此人称"娃娃鱼"。

那是一种寿命很长的鱼儿。

如果环境足够好，大鲵可以活到百多岁，真是鱼中少见的寿星。

那是一种生活挑剔的鱼儿。

大鲵一般要在水流湍急，水质清凉，水草茂盛，石缝和岩洞都比较多的河流或者湖泊中，才能够生长。

因此，娃娃鱼是很难饲养的，只要你能养成功，你就不必担心它的品质会比野生大鲵差多少。

娃娃鱼还有一些古怪的地方，比如，它小时候是用鳃呼吸，而长

大后却用肺呼吸。再比如,它有很强的耐饥本领,饲养在清凉的水中两三年不吃食物也不会饿死。

盐津的关河与白水江都是娃娃鱼的栖息地,尤以白水江为最。在白水江边长大的中年人,都能记起一大群的娃娃鱼,记起一段和谐美好的时光。

那时候的娃娃鱼可真多啊,多到你在河边洗洗脚,都会遇见娃娃鱼。娃娃鱼的手指脚趾以及叫声都与小孩极度的相似,所以老百姓都不忍心去伤害它。还有一种迷信的说法,说那河里的娃娃鱼,都是夭折了的小孩变化的,是鱼也是妖。乡民敬天敬地敬鬼神,如鱼似妖的娃娃鱼,谁也不敢侵犯它。

那时的娃娃鱼真多。夏日的傍晚,娃娃鱼受不了水中的闷热,三三两两游到浅水滩,拖拖拉拉地爬上露出水面的石头,尽情享受凉爽的江风。看月亮,数星星,说些悄悄话。等到乘够了凉,拉够了家常,当它们想要回到水中的时候,它们体表的黏液却跟干涸的石头紧紧粘在了一起。娃娃鱼一使劲,身体立即被撕得钻心掏肺的疼痛。于是它们开始痛苦地号叫,凄凄惨惨,哀哀戚戚。

娃娃鱼

叫声惊动了关河两岸的人家，父亲正在乘凉，或者正在月色下拉磨。娃娃鱼的哭声如同三月的雨滴，点点落入母亲柔软的心坎。她轻轻放下了针线，喊一声，大娃二妹和老三，走，跟娘去推娃娃鱼下河。于是孩子们蹦蹦跳跳的，跟着慈祥的母亲，卷起裤管蹚进没过膝盖的河水，先把娃娃鱼的身下浇湿了，再将它们一个个地推进水里去。月光下，娃娃鱼划开一道美丽的弧线，一眨眼就不见了踪影。

可惜好景不长，在娃娃鱼的营养美味被炒得越来越热了以后，在人们越来越不相信鬼神了以后，娃娃鱼遭到了大肆捕杀。

不错，娃娃鱼本身就是一种食用价值极高的动物，肉质细嫩、味道鲜美，含有优质的蛋白质，丰富的氨基酸和大量的微量元素。娃娃鱼的营养价值极高，被誉为"水中的人参"，在香港、台湾以及东南亚它都被视为珍稀的补品。

娃娃鱼还是一种传统名贵的药用动物，它的肌肉、内脏、骨骼、表皮及其分泌物均可以入药，在《本草纲目》《本草经集注》《本草拾遗》等药典中，都有娃娃鱼可治多种疾病的描述，还说它在益智、美容、益肤方面均有显著的功效。

娃娃鱼

娃娃鱼不知道，自己浑身的优点竟给自身带来了毁灭性的灾难。在关河沿岸，娃娃鱼一度作为餐桌上的奢侈品，作为馈赠亲友的礼物，现在想起来，真是暴殄天物，可气又可悲。幸好，随着娃娃鱼被列入国家二级保护两栖野生动物后，渔业、公安等部门加强了对它的保护，一些曾经捕食过娃娃鱼的人，也大彻大悟地加入到了保护大鲵的行列。这些年，在盐津经常都有野生娃娃鱼被人救助或者放生的佳话。昔日成群结队的娃娃鱼，在历经劫难后，终于又再次看到了恢复种群数量的希望。

这些年，不止娃娃鱼，关河里的其他鱼，也恢复得不错。在白水江库区，经常出现群鱼的奇观，经常发现十斤以上的大鱼。

关河里面还有一种鱼，天生的美味，不需加入任何的调料——包括盐，只需清水一煮，就能煮出绝美的滋味。那种醉人的香味，隔着几间屋子都能闻得到。这种鱼就是大名鼎鼎的团鱼，老百姓说，团鱼是自己带着作料来到厨房的。

神奇吧？那你赶紧来盐津，我煮团鱼等着你。

黄辣丁

第三章
山野民风渊源长

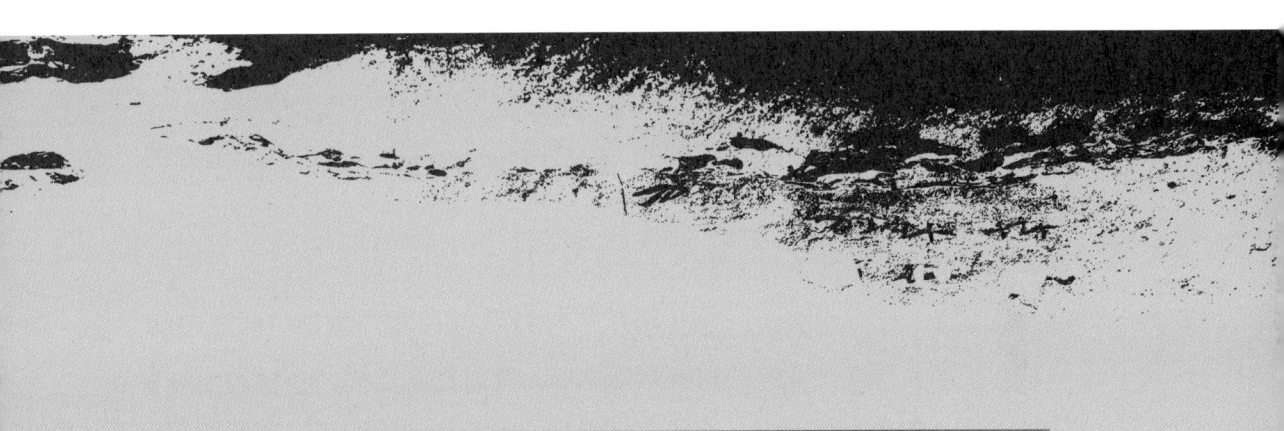

如果生活让我们走投无路，文化就能让我们柳暗花明；生活让我们从虚无中走向真实，文化让人们从真实中走向虚无。唱一声，跳一曲，讲一个故事，面对大地吼上一声。面对春天，所有的花朵都会开放。

民歌民谣：在吟唱中穿行的故乡

> 民歌民谣的内涵和形式超越了简单的传唱和喃喃自语。盐津的民歌民谣多如盐津的山峰，或长在树木上，或开在花丛间，或流在溪水里，或贴附在岩石上，生了根，就会长出种子，有了种子，就会长出茁壮的秧苗。

淌在记忆里的民谣

天空晴朗，万里无云，夕阳在不知不觉中西坠。晚风轻拂，柳絮飘飞，凉爽的夜晚缓缓来临。晚灯尚未点亮，乡村的电灯稀贵，如果不是雨季，即使电灯拉亮，也不如油灯明亮。夜幕倾泻而下，掩盖了最后一丝光明。星星开始闪烁，萤火虫从黑暗中钻出来，偶尔停歇，偶尔游动。一切从宁静与祥和中寻找停泊的港湾，一切在时间的迁移中觅得短暂地占据。

此时，母亲与儿子经常会做的，就是拉着儿子的手，嘴上轻轻地念叨，让诗词曲赋，成为牵挂故乡的一根线，紧紧地拴着远行的人们，让人们不再孤单，不再无伴。

推磨，扬磨，推豆花，干晌午，么哥不吃冷豆腐。罐罐煨，罐罐煮，罐罐打烂了泥巴来补。

这是沾在唇上的乡音，这是农家最朴实的游戏，没有修饰，没有雕刻，它是来自民间最原始的民谣。这些民谣，充斥在每一位生长在盐津土地上的乡民的心间，从幼儿时走过，从童年走过，伴随着成长，伴随着离开故土游历四方。不管是身居高位，还是一位普通的农民，当这样的民谣唱起来，就会在心底里有一份亲情和乡情，就会在心中升起一份对家人的思念或者想念。

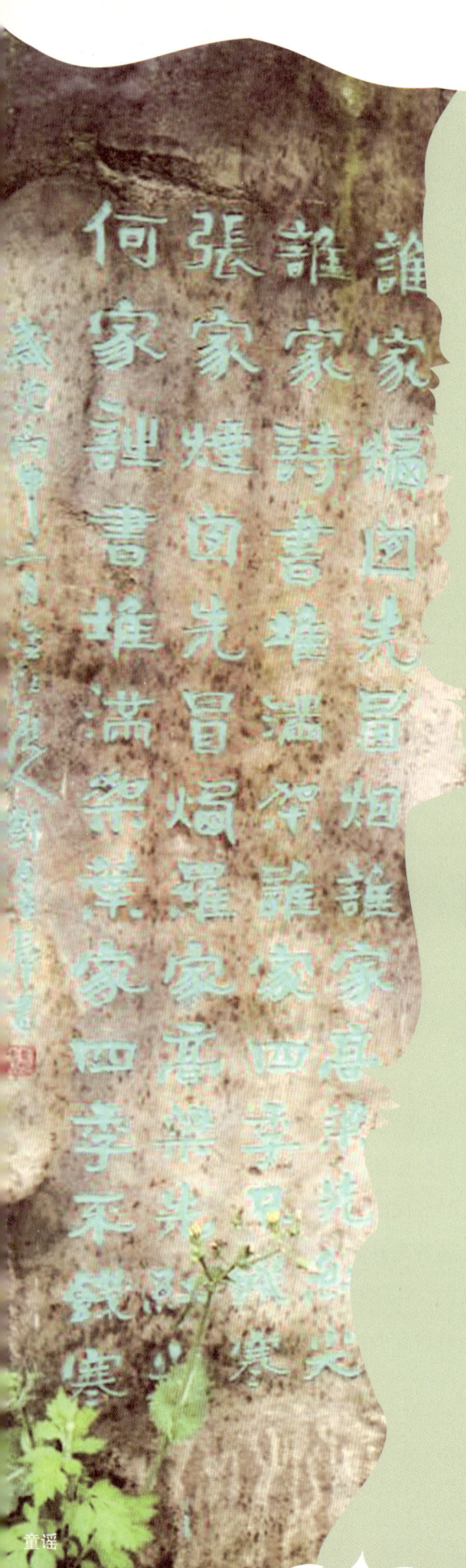

一二三，上山砍竹竿，四五六，拈鸡肉，七八九，扯你的手。哈叽叽，哆咪哆，敲秤砣，哆咪发，笑哈哈。

民谣是最古老的抒情诗，它的原创者随着时间的消失而消失，留下的只有传诵者和游戏者。一个游戏结束，另一个游戏才刚刚开始。当儿女成长到三四岁的模样，母亲就会让子女坐在身边，拉着儿女的一只手，念叨着民谣，一边念，一边或敲打，或扭掐，扯手如按摩，敲打如抚摸，让人感觉到真正的母爱其实就在每一次的抚摸和敲打之中，那种亲情，只有母子之间、父子之间、母女之间、父女之间才会存在。这是最原始的爱的显现，这是最古老的休憩方式。

在盐津，民谣的另一种形式是寓教于乐，是最早的启蒙教材。民谣不仅承担着口语教学的任务，也承担着语言的传授。同时，民谣还丰富幼儿的知识，让幼儿认识事物的特性和特征，几句简单的歌谣，把众多事物融汇穿插，连接成完整故事进行表达，幼儿在跟唱过程中，不知不觉认识了事物，自动接受趣味教学。

如果说民歌民谣是一面镜子，那它的澄澈就没有一丝污染。如果说民歌民谣如一泓秋水，那这一泓秋水往往一生都在洗涤人们的心灵，让人更加纯朴和善良。我见过飞舞

的蜻蜓,也关注过奔跑的蚂蚁;见过飞舞的大雁,倾听过啼叫的鸟鸣,所有乡村游走的影像,总是如蒙太奇画卷在我的脑海中闪现,伴随我走过很多无聊的时光。

蚂螂蚂螂歇凉,蛾蛾蛾蛾赶场。你赶蒿芝坝,我赶宝隆场。你买红叫鸡,我买碗儿糖。你买麻糖饼,我买葱干糖。麻糖饼,葱干糖。拿跟你,扯起多少长。

这首民谣是在明朗的阳光下念叨的。当艳阳高照,乡村像困倦极了而昏昏欲睡的老人。乡道上,除被强烈的太阳晒得懒洋洋的黄狗伸着舌头躺着睡觉外,就只剩下不怕烈日的小孩四处乱窜了。太阳很晒人,但对于飞舞的蜻蜓和不怕太阳晒的孩子,他们的内心永远是凉爽的。

蜻蜓在天空中四处飞舞,偶尔停歇在树枝上,偶尔停歇在

童谣故里宝隆场

玉米秆上，偶尔停歇在四季豆叶子上，偶尔停歇在草尖上，摇摇摆摆，晃晃荡荡，似乎不经意间就会坠落，却永远不会掉落地上。所谓蜻蜓点水，仅限于蜻蜓将尾翼在平静的水波上轻轻一点，然后飞舞在空中，水波开始成一个圆形，以点水处为圆心，向四处缓慢荡漾开来。我们所见的蜻蜓点水，却带着山乡的特色：蜻蜓轻轻在草丛中停歇一下，草尖不经蜻蜓重量，一下子摇摆起来，蜻蜓瞬间飞离草尖，青草便撞击周围的杂草。于是，陆地上的蜻蜓点水便出现了。那是另一种蜻蜓点水，这种蜻蜓点水，只有我们乡村才能欣赏，只有我们乡村才能真正地明了。

　　天与地都是静的，只有蜻蜓、蝴蝶是动的，如果不怕被太阳晒，就得经常站在阳光下。在阳光下，孩子们先选择一根不大不小的竹竿，把篾条弯成圆圈，在阴暗处找到蜘蛛网，将网缠绕在篾条圆圈上，待绷得很厚以后，就是捕捉蜻蜓的最好器物了。

　　蜻蜓的种类也很多，有红色的、黄色的、灰色的等等，唯独没

童谣

有白色的。不知道有没有白色的蜻蜓,反正我是没有见过。或许是必须要在太阳下飞舞吧,白色,总是不适合在太阳下生存,所以只能选择其他颜色。

捕捉蜻蜓必须要念叨这首民谣。民谣会让蜻蜓听从于一个孩子的呼唤,会听从于一个孩子的指挥。当民谣响起,蜻蜓和蝴蝶就会停歇,就会站在摇摆的草丛或叶子上,然后静待孩子捕捉,然后将其身体四分五裂,这似乎有些残酷,但这是拯救另一种动物。

一年一年又一年,我给东家做长年。煮酒榨油样样干,搁了撞杆又犁田。没有哪顿吃个饱,三年没得一文钱。苦到腊月三十晚,打发回家过个孽年。

首首民谣,穿行在家乡的每一寸土地上,就像摇摆在微风中的风铃,偶尔传来"叮当叮当"的响声。这种响声,埋藏在每一位成长的人们的心灵,伴随着走过人生经历的每一步,伴随着心酸、幸福、高兴、忧愁、郁闷、欢愉、惆怅、喜悦。就像站在春天河岸的垂柳,夏天吹拂的一缕凉风,秋天起伏的庄稼,冬天飞舞的皑皑雪花,它在人们幼稚的童年播种了文学启蒙的种子,去寻根,去探究,最终感受语言的优美,感受音乐的快乐。正是生活在那刀耕火种的年代,没有现代人先进的教育手段,才让更多的人钟情文学,热爱诗歌。

锄禾民歌"打鼓草"

在盐津的广大农村,每当中耕夏锄时,便沉浸在一片鼓乐和歌声的海洋之中。这便是"打鼓草"的盛季到来了。

"打鼓草"是盐津地区渊源久远、流传甚广的田间劳作歌谣。

相传,在古老的年代,朱提江畔有一对年轻夫妇,勤劳、纯朴,男耕女织,相亲相爱,过着艰辛而又美满的生活。苦夏时节,烈日炎炎,丈夫下田锄草时久,昏昏然扶着锄把就睡着了。妻子送饭到田间,见状,疼爱丈夫,便击鼓歌唱:

  我夫锄禾顶太阳,汗水长流湿衣裳。
  唯愿白云变成伞,为我夫君遮阴凉。

丈夫听到歌声,豁然惊醒,抖擞精神,锄禾不止。从此,"打鼓草"广为流传。

① 锄禾民歌——打鼓草
② 鼓师

"打鼓草"的唱词有套本，套本由相对独立的唱段组成，有"七板""八腔"之说。"板"有别于戏曲的板眼，是将一天的时间分为七段，每段选择一个吟唱主题，流行地域不同，"板"也小有区别。盐津"打鼓草"的"七板"为：一板有"早歌""开四门"，二板有"饭歌""迎太阳""烟歌"，三板有"花歌"，四板有"修学堂"，五板有"扬歌""茶歌"，六板有"唱古人""放风流"，七板有"送太阳"等段落。"八腔"属曲调。有"平腔""下河腔""弯弯腔""懒翻身""调耳""花尾""短促腔""高腔"。唱词有五字、七字、十字句。合辙押韵，朗朗上口。唱词多为七言句、五言句。吟唱形式为鼓师领唱一句，众和原句或下句；领唱前三句，众和第四句；领唱一句前四字，众和后三字等形式。应和者吟唱时加"咿呀""哎哟"一类虚词、拖腔。鼓师除按套本领唱外，触景生情，即兴创作，或规劝偷闲耍懒者，或调侃动作笨拙者，或吟咏风花雪月，或指评世道人心，有时也和田间劳作的男女开几句无伤大雅的玩笑。

"打鼓草"是农民、农作的歌谣，唱的也是农民、农作之事，唱词通俗、平实、机智、幽默、有韵，朗朗上口。如第一板《早歌》，稼穑劳作，土地是衣食父母，一日之始，首先要把衣食父母安顿好，所以《早歌》是敬"土地"的歌：

敬天敬地敬土地，敬奉土地得知闻。
放牛之人顶敬你，岁岁青草遍地生。
薅草之人顶敬你，年年五谷好丰登。
打鼓之人顶敬你，鼓儿咚咚响沉沉。
唱歌之人顶敬你，石头滚来不沾身。

敬了土地，一天的辛勤劳作就要开始了，《开四门》唱道：

清早上工雾沉沉，看见树桩像个人，
抱着树桩亲个嘴，你说笑人不笑人？

典型的中国农民式的幽默。这种颇有些苦中作乐意味的农民的幽默，构成了"打鼓草"的情绪基调，也成为"打鼓草"叙事表情的最为突出的特征。

太阳像朵火，借帽不还我；

快把草帽戴，太阳晒死我。

——《迎太阳》

太阳当空正晌午，磕谷舂米锅头煮，
甑子蒸的大米饭，锅头煮的菜豆腐。
肚皮饿来像条槽，打发老幺主家瞧，

打鼓草

鼓足干劲

筲箕壁上高挂起，甑子病了害枯痨。

——《饭歌》

薅草手又软，唱歌口又干，
大伙商量妥，好烟烧一杆。
……
烟筒竹筒筒，生在老林中，
两头截断了，吧得烟子冲。
烟杆竹疙瘩，吊在屁股丫；
说起要吃烟，取下屁眼哂。

——《烟歌》

太阳落坡坡背瘩，毛狗下山咬鸡羊；
咬去鸡羊不要紧，莫咬情妹心上郎。

——《送太阳》

说成旷达也好，无奈也罢，农民要吃饭，要生儿育女、养家糊口，"锄禾日当午"之类便是无法回避也不能回避的日常功课，与其唉声叹气，莫如嬉皮笑脸，寻几分开心。

在一些地方，"打鼓草"在流传的过程中，逐渐形成了由专业鼓师每年招募男女劳力受雇于人的打鼓草队，承揽农户薅锄田地的农活，获取报酬。鼓师头缠白帕，腰系围裙，别鼓槌，手下一二十人、三五十人不等。田亩、作物品种、工时、工价谈妥后，鼓师率队到田地边，先焚香敬神，鼓师借诵念祭文向手下人办交代。祭文云：

孟子见梁惠王，我与弟兄伙们办个交接排场。朝前看，老打鼓的非一个；退后望，少打鼓的也不少。我一不算老打鼓，二不是少打鼓，小弟今年学打鼓。两根光棍，全靠帮衬；不帮不衬，不成光棍。升子盖碗，取方就圆；歌儿不熟，大家接着；歌儿不好，大家接到。

办完交代，鼓师击鼓唱歌，其他人边劳动边应和。薅锄进度、质量，由鼓师督促检查，有不合规格者，责令返工。且薅锄质量好，"打鼓草队"颇受欢迎，报酬也不错。

历史悠久的"打鼓草"活动，旷百世而长存的原因，就在于盐津地处高寒的乌蒙山区峡谷地带，人口分散，经济基础薄弱，以及生产方式落后，适宜保持这一古老的歌唱形式。

生在朱提江边，长在百里峡谷，盐津民歌"打鼓草"没有吴侬软语的清隽、柔曼，也不像川蜀"秧号子"的泼辣，坦直。盐津"打鼓草"平俗而不失含蓄，朴拙而不失雅驯，独树一帜。

家门口的山歌

天蓝蓝，水碧碧，苗绿绿。白水江边、关河两岸的崇山峻岭之间，勤劳的盐津人走进水田，步入原野，或插秧，或种地，就走进了歌声，鼓舞劳动情绪的山歌此起彼伏，有唱有和。过去，在栽秧种地的季节，为集中人力"抢季节"，"抢天气"，就有帮工、换工、雇工的合作形式，若干人集中在一起帮某一家栽秧、薅秧、割谷或锄地。播种、薅草、栽秧、薅秧或播种是一种劳动强度比较大的农活，从早上下田到晚上收工，长时间弯腰劳作，难免腰酸背疼，为消除疲劳，振作精神，鼓舞情绪，有人就会唱道：

　　大田栽秧行对行，一对秧鸡来歇凉；
　　抓个秧鸡来下酒，前后栽秧一起黄。

有人带头，就有人即兴创作，接口和唱：

　　大田栽秧行对行，一边栽秧一边唱；
　　唱得禾苗拔节长，唱得幸福万年长。

歌声、笑声撒满原野，赶走疲劳，带来快乐。

住在大山褶皱里的农人，有"说话听得到，走拢要半天"，还有"观山跑死马"的说法，都是说明山区路途遥远的特点。有的就用唱歌来表情达意。爱情是永恒的话题。青年未婚男女，常常用山歌的形式表达爱意。这种山歌，有情意绵绵的浅吟低唱，更有火辣辣的激情喷涌。

　　望郎走拢对门坡，赶忙回家就烧锅；
　　心想留郎吃顿饭，筛子做门眼睛多。

　　听到妹妹吐真言，好比三伏喝清泉；
　　三天不沾一粒饭，打个饱嗝也香甜。

在劳动和生活中，有一对男女对唱，也有若干男青年与若干女青年对唱的。

大田薅秧人又多，不知哪个是情哥；
我的情哥我认得，花荷包儿要须多。

情嫂脸儿像粉团，又爱说笑又好玩；
生在阳世逗人想，死在阴间遇鬼缠。

那悠扬、动听的山歌，飞向田野，飞向山峦，飞向天际！那即兴而唱的山歌，唱响生活，唱响劳动，唱出爱情！那歌声

对歌

是野外耕耘、上山砍柴、赶马驮货时的宣泄！那歌声是消愁解闷、抒发感情、传递情意而创作的歌谣，那歌谣，情感真挚、热情奔放、直抒胸臆，富有即兴性。

豪放不羁的山里人，欢乐时唱歌，悲哀的时候，面对死亡的时候，也会长歌当哭，纵情放歌。

于是，在做法事时，孝歌这种山歌的另一种形式也就应运而生了。

长辈去世以后，在要下葬的前一夜，他的后代要为逝去的长者守夜，为解寂寞和冷清，人们会围着棺材找会唱孝歌的人唱一通宵，内容不限，主要为老人歌功颂德。到了夜深时，唱歌的一对男

欢欢喜喜把歌唱

女就故意唱打情骂俏的歌,以吸引那些帮忙的与一些送礼的客人不睡觉,不至于冷场(农村习俗老人去世葬礼越热闹就越孝敬)。有的为了更热闹更吸引人,干脆就请两批唱孝歌的人,让其对骂,谁骂赢了主人另行有赏。具体曲调为当地的山歌,歌词可以由唱歌的人临时自编。

这种习俗体现了一种传统的孝道理念。

办丧事时多唱忠孝节义、伦理道德,唱腔悲切忧伤,专曲专用,称孝歌。村里有人去世,在唱孝歌之前,爹或娘,公或婆,舅或叔,其女儿、儿媳、侄女、外甥女、孙女儿等等,一拨又一拨地前去痛哭,他们大放悲声,连哭带唱,感天动地。那唱哭有抒情的,有叙事的,也有怀旧的,哭声或泣或诉,或长或短,或高亢响亮,或凄惨绵绵,或长歌当哭。

某村有一女,婆婆在时,恶言相向,有好的不让吃,有好的不让穿,比鸡骂狗,指桑骂槐,极力虐待老人。待老人死

山歌好唱口难开

后，那女人不得不去哭丧。村里的小孩早知道那女子的德行，就弯腰看她怎么哭法。原来那女的没有真哭，肩不颤，眼不肿，鼻不红，而是在"作弊"，用力干号，并不落一滴眼泪，而且边号边数落婆婆许多不是。

古人有言：有泪无声为泣，有声无泪为号，有声有泪为哭。

那大逆不道的女人显然在干嚎，并非真哭，其心不诚。于是引起众怒，纷纷指责不孝女人教坏村民败坏门风，向她吐了许多唾沫。当天晚上村里几个专门唱孝歌的人去她家唱孝歌。就有人唱道：

忤逆媳妇哭婆婆，眼泪不见掉几颗；
活时端饭送茶水，何必死后嚎丧多。

那人唱的孝歌不拐弯抹角，一针见血，字字带刺，声声戳人，众乡邻齐声喊好。那不孝女人白天被吐，晚上被骂，羞愧万分。此后，再也不敢放肆，低眉顺眼，安心做人。

也有劝人为孝的歌：

天地重孝孝当先，一人为孝全家安。
为人须当孝父母，孝敬父母如敬天。
翁婆身上能尽孝，又落孝来又落贤。
和睦兄弟就为孝，这孝就叫顺气丸。

古人说得好，百字孝为先。不孝敬父母，不和睦兄长，何以爱家爱国？不忠不孝之人，必被世人唾弃。这种孝歌具有教化功能。

男大当婚，女大当嫁。离别断肠，愁绪满胸。

女儿要离开生养自己十多年的父母，远嫁他人，成为人家的媳妇时，头三天，就要在家里唱哭嫁歌。这哭嫁歌也属于山歌一类。女儿把自己对父母的养育之恩，对弟妹的挚爱，对乡邻的依恋，以及到婆家生活的想象哭唱出来。哭嫁歌如泣如诉，似哭似唱，唱词随心所欲，哭到伤心处，泪眼婆娑，泪湿衣襟，长跪不起，时间可达到两三个小时。那种哭嫁，情真意切，真情质朴，有感而发。往往哭得天昏地暗，日月无光。哭嫁时间长了，就要安排人前去规劝，及时拉走休息。

其实，盐津民歌的创作、表演可以说随时随地都能见着。每天在山谷江边对歌的人，他们即兴发挥，信手拈来，边唱边舞，边填歌词，反应十分快捷，歌词均是现场发挥，临时随口填上的。

老黎山神奇秀丽，山高谷深。朱提江滔滔滚滚，拍岸惊涛。

在这片热土上繁衍生息的盐津人不仅勤劳善良，而且充满智慧，正是他们创造了如花朵般绚丽多彩的民歌，极大地丰富了人们的文化生活。

流淌的关河号子

有江河的地方，就有船只；有船只的地方，就有船夫；有船夫的地方，就有船夫号子。

关河，古称朱提江，今属横江，纵贯盐津全境。关河由于上游支系多，河水终年不涸，且水量充沛。关河流经之处，沟壑深切，悬崖危耸，迂回曲折，激流震荡。载清乾隆七年（1742年）二月，云南总督张允随奏疏："……其自昭通抵渡，旱路崎岖九处，开广便行。现运铜赴渡入船，脚费多省，以积省之费开修险滩，帑不糜而功可就，不独昭、东各郡物价得平，即黔省威宁等处亦可运米流通。"可见关河航运史有两件最重要的事情与朝廷直接相关。除开民间商贸往来，一是皇木晋京，一是京铜济运。于是便有了关河水

运，《关河船工号子》也就应运而生了。迄至20世纪60年代，关河水路运输既是盐津客货运输的主要形式，也是昭通地区货物入川的重要通道。1979年，213国道全线贯通，关河水运停止。

关河航道南起豆沙古镇石门关下的老码头，北至水富县的金沙江入口处，长百余公里，水道迂曲，滩陡流急，更因两岸地势高差悬殊，沿江险滩年有变更，防不胜防，行船极为艰难。行下水，时有倾覆之虞；行上水，难逃背纤之苦；喊号子以统一行动，倾吐积郁，鼓舞斗志，共闯难关，便成了船工们无奈之中的选择。漫漫几百多年间，关河号子响彻关河沿岸。

《关河船工号子》是由《平水号子》《见滩号子》《上滩号子》《拼命号子》《下滩号子》等不同的号子连缀而成的一个既统一又有变化对比的大型号子联套。其中有在平静江面上航行时唱的旋律舒畅、悠扬动听的《平水号子》和《下滩号子》，又有当遇到险滩准备投入紧张战斗时唱的坚定有力、充满信心的《见滩号子》，和

在闯滩夺险与凶滩恶水搏斗时唱的急促紧张、气势强烈的《上滩号子》和《拼命号子》。关河号子的演唱是一领众人和，领唱者又叫"领江"，也是劳动的指挥者。领、和声部的交接也因劳动条件而异，《平水号子》《下滩号子》是唱完一句再交接的，《见滩号子》句幅渐缩，交替渐紧。到了《上滩号子》和《拼命号子》时，交接非常紧密，甚至领和重叠，和部又出现了呼哨，相互交织，构成了复杂的多声部合唱织体。整个号子的音乐丰富多变，有很高的艺术性。

关河号子唱词多五言句、七言句，一人领唱，众人应和帮腔，或领唱上句，应和下句。音调高低，随航行经历的平水、激流、险滩等境遇而变换。关河号子无通行的套本，见人唱人，见物唱物，触景生情，即兴而歌。曲调虽有一定范式，表达都很自由。或长调铺陈，或短章急奏，或慷慨激昂，或低沉悲凉，倾吐积郁，提神鼓劲，怎样适宜表达就怎样唱。

像风行水上，又像激浪腾空，舒缓萦纡，高亢磅礴，号子声和流水声交融杂糅，不止不息，不涸不竭，张扬强悍无比的生命力。

无疑，号子起源于社会底层人的劳动生活，号子越是撼人心魄，就越是呈示了他们劳动的艰辛、险阻。关河势不可当，有时平静如练，有时却如脱缰野马、下山猛虎。生活于斯的船

夫创作的号子，就格外富有悲壮情愫，最为世人推崇。

《关河船工号子》内容丰富，个性鲜明，撑篙、摇橹、拉纤、过滩，各有各的唱法，各有各的韵味。尤其过险滩时，那号子简直就是扯着嗓子呐喊出来的，似乎能看到他们全身血液在奔突，因而，这号子就有了一个悲壮的称呼，叫作"拼命号子"。所谓原生态歌曲，《关河船工号子》该是名副其实的。

的确，《关河船工号子》，唱词没有固定程式，可以即兴编创，晓畅直截，有的甚至是俚俗谑浪的。节奏自由，一人领唱，众人应和，领唱的却是有板有眼，应和的却是谐和自如。同心同德，患难与共，是他们生命的节律。《关河船工号子》是关河船工存在的驱动力：不能让船搁浅，要靠船吃饭，担当，就是活着的内容。一方水土养一方人，虽然盐津人不是长得高大勇猛，特别是那些船夫，甚至于瘦骨嶙峋，却有着水的韧性和力量，纤绳勒在肩膀上，如牛负轭，坚实前行。确切说，他们更像骆驼，虽然走得慢，慢中却满是矜持、自信和达观，并不像列宾的伏尔加河上的纤夫只是怨愤、绝望。

关河纤夫

　　一位诗人说，语言结束的地方，歌声就开始了。我接触过船工，他们不善言谈，或不屑言谈，像他们的脚印一样沉默，像他们的汗滴一样沉默。在他们看来，一切语言都有些虚饰，只有沉默是真实的，然后把这沉默交给了号子，回荡于江面，作为感恩的回报。不劳动者不得食，他们稔熟恪守这朴素的真理，远胜于侵吞的饕餮。这是一群知恩图报的劳动者，不然就不会代代重操旧业，更不怕搭上身家性命。

　　如今，关河已夷为平湖，船工的时代结束了，他们的号子沉潜水底。沉潜不等于消亡，关河水仍在滋养关河儿女，作为

一种精神力量的元素，它将在关河船工的骨子里、血脉里永驻，成为在新的家园劳动生存的一种恒久的意志。

《关河船工号子》，粗豪中闪烁着圣洁，我们也不应忘记。虽然沉潜了，可那坚毅和血性的感召，应该成为我们的精神符号，与生命同行。

民间故事：峡谷上绽放的花朵

关河纤夫古道

　　有美丽，才有故事。盐津是个美丽的地方，山美，水美，人

兴隆天池

美，而在人们口头流传的故事更美。在阳光温暖、百花争艳的春天，在寒风凛冽、梅花绽放的冬季，在油灯闪烁的夜晚，许多孩童聚精会神地聆听着父母、长辈、老人，还有浪迹天下的行吟艺人们的讲述，如醉如痴，如梦如幻。民间故事与人民生活与人类社会形成了血肉相连的关系。

《盐津县志》载：

> 俗传仁富乡昔日有王氏子，事母至孝，常割草易米以为养。一日天寒雨雪，草被水冱所掩，极目四顾，无处可草。正踌躇间，倏见溪边草独茂。遂割以归。次日复望如故，异之，遂欲移至宅近，以免觅草往返之难。掘草起见一珠，光灿可爱，携回藏储米瓮中，米辄不罄，又与他物共藏，亦用之不竭，王于是

家小康。有中表闻其异，索观之，中表羡而欲夺之。王氏子急，取含口中，正争执间，珠吞入腹。口大渴，汲饮不可解，乃就龙安河而牛饮。霎时风雨大作，溪流暴涨，王氏子竟乘浪而下驶。水势汹涌，两岸为之崩。行入兴隆河，至今名逆龙滩处，尤见狂飙巨浪。㕧岩转石，若哄斗者然。石上有裂痕如脚爪迹，现时人谓之为收送龙处。由此达高县境，又有捆龙坝之地名。按此捆地名而附会之神话也。

"俗传"有几分真实性，谁也不得而知，就像蒙娜丽莎，我们只看见过画上的蒙娜丽莎，却没能亲眼看见蒙娜丽莎本人，也许本身就没有蒙娜丽莎，蒙娜丽莎只是画家心中的美女，一旦创造了画作上的美女，美女也就确有其人了。

不过，作为本地土著居民，我倒是真的可以肯定故事中的地名和景物。比如"二十四个望娘滩""龙安河""逆龙滩""捆龙坝"等等，这些地名，分别分布在云川两省。两个省的地名能以一个故

兴隆茶山风光

事的情节作为地名，而且传说一个故事，的确不得不怀疑故事的真实性。

《盐津县志》所载民间故事与天池紧密相关。天池位于兴隆乡仁富社区西北方向。天池在当地被人们俗称"老鸦池"。"老鸦池"很高，高出兴隆街上几百米，就像放在兴隆街上人们头上的一个水盆。不过水盆不会倾斜，也不用担心水盆里的水随时会倒下来。因为兴隆集镇在半坡上，"老鸦池"的水即使全部倾泻而下，也只是沿着兴隆集镇旁边的兴隆河蜿蜒而下。

兴隆河温柔婉转，就像一个不懂事的少女，非常纯洁。兴隆河也很美丽。每到春夏之际，如果站在兴隆集镇东边的山上，看看兴隆河流淌的模样，就能欣赏到兴隆河的芳容。河水碧波荡漾，蜿蜒婉转，极像一条静静平躺的游龙。从天池里泄漏出来的溪流，沿着兴隆河缓缓流淌一直向北，最终消失在群山之中。

天池四面环山，山是几座坚固的大山，山上丛林密布。天池就像一口倒扣的锅，锅里装满了水，几座山包围一个水池，完全不用担心天池会崩塌，一下子将水倾泻下来。天池本来就是为了灌溉，天池的水除了养育兴隆人之外，不会再生造事端，惹是生非。

天池向东，山下是兴隆集镇，兴隆河不向东行，而是转而向北，流经逆龙滩。然后是龙安河，再下进入四川境内，至回头山，达捆龙坝，一直流入横江。

据说，《逆龙滩的传说》就源自于此。

《逆龙滩的传说》在盐津境内有很多种版本，但大多主题基本一致。我们经常听到的是《二十四个望娘滩》，故事里有"至忠、至孝"的寓意，宣扬的主题积极向上，所以流传更为广泛。

相传王氏之子即住在天池之旁，其子至孝，家中仅靠他一人割草换米维持生活。有一天，正值天寒地冻，大雪封山，王氏之子遍寻不见一棵青草，走了很远，突见水藻泥地之中一棵青草突兀挺拔，遂割之，隔天又去，该棵青草依然如故……

故事由此发生。

天池与二十四个望娘滩的确很美，美得就像一个梦境，美得就只有一种想象。奔往天池之路，就似乎踏上梦幻的旅程。树叶摇曳，绿荫婆娑，清风徐徐，阡陌纵横。回望村镇，星星点点，千年的渴求由此点燃。登高望远，奔放的思绪越游越远：将军持戈，挥斥方遒，金戈铁马，唯我独尊，脚踏一方热土，指点四处江山，那种境界，即使穷途末路，也会被一路来，或者一路去而感动，而过滤。

翻过山顶，还要穿过一片茂密的竹林，竹林千顷，一望无边。穿过竹林，一池秋水凸显眼前，天空突然一亮，水碧山环，那是怎样的一种境界啊——无边的绿色牵来群山的倒影，静泊的湖水犹如待嫁的处女，不知是水的多情还是山的痴念，山水相伴，不弃不离，融为一体，山映衬着水，水倒映着山。面对无边的清澈，就连天上的飞鸟，恐怕也会流连忘返了。

一方水土养一方人，正是因为有此一方水土，兴隆才有了鱼米之乡的美誉。可以说，没有一个兴隆人，没有吃过这方水土灌溉过的粮食，没有哪一户人家，不是因为这方水土，才逃过许多饥渴，免去许多灾荒。天池之美，美就美在可以济世救人，可以果腹充饥。美其实不在于貌，而在于心，在于情。

在如此美丽的地方，口传一个简洁的故事，再自然不过。

　　在盐津，民间故事就像绽放在悬崖上鲜花，随处可摘，随处可寻。2008年，盐津县文联搜集整理出版了《盐津民间故事》卷一和卷二，在搜集整理过程中，收到的盐津民间故事达五六百个之多，可以想象，盐津民间故事，早已成为盐津文化的一个重要组成部分。

　　民间故事，作为一种文化载体，它描述的，永远是人们所祈祷的、追求的、渴望的、期盼的。在盐津，如果需要了解一个地方，就得先进入盐津的民间故事之中。

逆龙滩

民族风情：隐藏在群山中的风声

> 一个民族，总会留下或多或少的民族风情。充满民族特色、传承了数十数百代的民族表演习俗，展现了先辈们的智慧和生活，表达出先辈们为生活而不屈不挠、前赴后继付出的努力。觅先圣足迹，品当前演绎，从一举手，一投足间，思考人生的价值和意义。

针尖上的舞蹈：高竿狮舞

兴隆高竿狮舞被誉为——针尖上的舞蹈，仅就"针尖"两个字，就可以想象其危险程度，再加上"舞蹈"，就可以知道其艺术上的价值。

兴隆高竿狮舞不仅在盐津挺有名气，就是在昭通，在云南，提到兴隆的高竿狮舞，许多看过其表演的人，也会赞不绝口。

在老一辈文化工作者中，不管是在昭通工作的，还是在盐津工作的，如今提到狮灯，总是怀念兴隆的高竿狮舞，对昭通现今还存在的狮灯队，总是嗤之以鼻。对他们而言，似乎只有兴隆的高竿狮舞，才能登上大雅之堂，才能摆得上桌面，至于其他的狮灯，总是花拳绣腿，中看而不中用，要说真有本事，还得数兴隆高竿狮舞表演。

兴隆高竿狮舞前身是兴隆狮灯队。在我的记忆中，兴隆狮灯队似乎是成立在改革开放后，农村土地承包到户期间，也就是20世

纪80年代左右吧。那个时候，文化生活相对枯竭，没有电视，没有剧院，偶然可以看看电影，也是那些走村串巷的放映队偶尔光顾山村。至于那些有人可以在镜框里走来走去，蹦蹦跳跳的洋玩意儿，不要说没有人见过，甚至连想也没有想过。所以，演戏和这些传统的文娱节目，就成了人们自娱自乐的唯一方式。

其实很多地方的人都是这样，只有在生活枯竭的时候才会想到需要有一种或者数种娱乐和文艺寄托自己寂寞的心灵，也只要在没有文化和文艺的时候，才会有人重视文化和文艺的发展，而当文化和文艺基本可以聊以自娱的时候，也正是物质生活开始丰盈的时候。在这种时候，文化和文艺往往又成了多余的载体，反而让人漠视和视为多余。

兴隆狮灯队的成立，正是人们刚刚摆脱枷锁和束缚，希望可以寻找一种可以发泄积蓄在心底情感的时候，也只有在

草龙

那个时候，部分文化工作者，才会更看重民间文化的传承与继承，对民间文化的培养和鼓励，也就下了一些功夫予以扶持。加上兴隆毗邻四川，受四川文化的影响，狮灯队在兴隆的成立，也就成了自然而然的事情。

兴隆狮灯之所以受到观众的喜爱，最重要的原因是它的观赏性。兴隆狮灯的表演可以分为三项，第一是地面舞狮，第二是高空桌面舞狮，第三是高竿舞狮。不管是其中那一种表演，都有兴隆的地方特色：强劲而有力，惊险而刺激。观众常常捏着一把汗，待所有表演结束，方能长舒一口气，放下一颗悬空的心。

地面舞狮是狮灯表演的重要组成部分，地面舞狮讲究的是力度，也就是不管是舞狮头，还是舞狮尾，还是和尚头，甚至是四处乱窜的"孙猴子"，都要以力度征服观众。要舞好地面狮，首先要扎好"马步"。在训练的过程中，表演者要经常"扎马步"。扎马步是练功的必要步骤，舞狮中扎马步与练武功中的扎马步要求完全一样，要做到"站如松，行如风，坐如钟"。练好了"马步"，在舞狮的时候，才能站稳脚跟，不管是前进、后退、侧步、摆动，都可以有力有序。"沙和尚"扮演者手上的羽毛要"拂"而不要"扇"。所谓的"拂"，就是要由上而下拂动，要有力度，配合的脚步要用"丁"字步，不能随意跳动。舞狮头的人要紧紧盯住"沙和尚"，配合"沙和尚"的一举一动，要

兴隆民间高竿狮舞

做到"和尚"戏弄狮子，带动狮子的所作所为，所以舞狮头的人和扮演"沙和尚"的人配合要默契，一唱一和皆要做到滴水不漏。而狮尾者，要紧紧抓住狮头的腰带，眼睛也要死死地盯住狮头的脚步，狮头进则狮尾进，狮头退则狮尾退，犹如一个身体的整体，做到天衣无缝。"孙猴子"虽是一个独立的个体，但也不能随意游走，扮"孙猴子"目的有二，其一是要把"堂子"拉开，如果有观众进入到表演的场地，当狮灯无法自由活动的时候，"孙猴子"要以诙谐的动作把观众撵到相应的地方，留出空地；其二，当空地可以任由舞狮者活动后，"孙猴子"也要用有趣和有力的动作吸引观众，适时配合主体的动作。重要的是："孙猴子"千万不能扮成多余的摆设，必须要与整个队伍融合，形成一个完整的整体。当然，其中的变化和要求还有许多，把握好了各个环节，地面狮子才能赢得观众。

高空舞狮含桌面舞狮和高竿舞狮，两种舞法大同小异，只是桌子面积稍宽，活动空间相对要大一些，舞动起来稍微容易一点。而竹竿面积较小，活动空间小，难度就更大了。所以高竿舞狮更好看，更刺激，更容易吸引观众。

人从本质上是希望刺激和惊险的，特别是看刺激和惊险的表演，即使这种刺激和惊险有可能导致表演者的失误而造成生命危险，对于观赏者而言，也是一种发泄。需要发泄是人的本能，经过发泄，人也才会感到特别的放松。所以有人要面对空旷的山谷大声叫喊，有人要面对树桩用力冲击，道理都是发泄的冲动在作怪。

高竿舞狮由于其自身的表演难度性和惊险性，就自然而然得到人们的青睐：一根长10米左右的竹竿，上面绑上一张木凳，木凳四脚向天，木凳一方绑上10个连接的竹圈，竹圈用细布条缠绕，然后用4根麻绳分4个方向拴在打入地里的钢钎上，将竹竿直直地放在一张高木桌上。舞狮的道具就准备结束，狮头和狮尾的扮演者、"孙猴子"要沿着光滑的竹竿爬到木凳，狮头狮尾要站在木凳四条腿上，舞动狮子，拜完四方，不管是换脚和舞动，都不能离开

木凳的四条腿，所以狮子往往是悬空而舞，辗转腾挪充满艰辛和刺激：一会"老鹰亮翅"，一会"狮子护犊"；一会"狮子舔脚"，一会"吉祥如意"……让观众总是目不暇接，汗毛直立。而最惊险、最刺激，将所有表演掀到高潮的时候却是"孙猴子"的悬空钻圈："孙猴子"将绑在木凳上的竹圈解开，套在自己的身子上，从10米高空中头下脚上一下子掉下，身子穿过10个竹圈，直达木桌，结束表演。所有的表演完整而精彩，又有较强的观赏性和趣味性。

　　表演既没有安全设备，又没有完整的预防措施，完全以古老的卖艺方式给予人们自娱自乐，所以稍不注意就会造成失

牛灯

花灯表演唱

误,而"高竿舞狮"的失误常常又是以生命为代价。

高竿狮舞一度沉寂,2015年,兴隆乡民间高竿狮舞艺术团成立,从此以后,兴隆高竿狮舞又走上了舞台,刚一表演,就先后被中央电视台、中国网、云南日报、云南网等多家媒体报道,并被纳入云南省第二批非物质文化遗产传承项目。

土生土长的花灯

盐津花灯为多源的地方剧种。明清两朝,江西、湖南、湖北、四川、贵州等省客户或从军从政,或经商开矿,或扶农兴利到盐津,花灯亦随之传入。

灯班均属业余,且多以村落、家族或师徒组班,平时以务农为主,春节进行花灯演唱活动。灯头或推举年长者,或推举技艺较全面的灯角担任。灯班均供奉灯神,各传规定,雕像应由灯头亲自到松林中选一棵直径15厘米的小松树,砍去上部,在树基部雕刻图像,雕成后于雕像底座锯下备用。在制作过程中若有人路过看见,该雕像则不灵,须另雕。灯班供奉的灯神为一红纸裱制的竖形牌位,置于升子中。牌位正中书"唐王敕封老龙太子之香神位",右书"查盘土地、十二园姊妹、声音童子",左书"唐二天子、鼓板先师、玩耍郎君"。"老龙太子"为24位玩耍郎君之主神,左右皆为他统率下的诸神,"查盘土地"表示先祖来盐津时是以查站为营,觅先圣足迹。

花灯演唱有一套仪式性的规范,演出形式各异的"愿灯"与"耍灯"也逐渐形成。"愿灯"由"神事耍戏"演变而来,其民俗题材尤为突出,随之,"喜灯""寿灯"也应运而生。

"愿灯"即还愿之灯,专为得子或病愈者还愿演唱的花灯,以娱神为主,娱人次之。演唱在正月初九以后进行。灯班至主家门外不远处，先放爆竹报信，主家闻声后也以爆竹相迎。灯班到大门口时，主家将大门开一扇、关一扇，对灯班进行一问一答的"盘灯"。

　　主家：花灯花灯你早不来，迟不来，你半夜三更才请来。我前门上起千斤锁，后门堆起万担柴。

　　灯头：花灯来是来得早，来在半路耽搁了。一来给主家开财门，二来给主家送财宝，金银财宝一齐进，荣华富贵同到老。

　　主家：人之初，性本善，我大门开一扇来关一扇。孟子见梁惠王，两扇打开合一房。

"盘灯"后让灯班进屋，灯头将灯神置于主家神龛，接着杀鸡、开光、点血、烧钱纸敬灯神，又烧文表、卜卦、跪拜，演唱《关灯》再唱《搭台子》，由两个旦角抬着两条红布蒙着的条凳置于堂屋正中后，表演《踩台》仪式。灯头再烧钱化纸、卜卦、放爆竹。主家还愿人于神台前跪拜，灯头卜卦。再演唱《开财门》《闹元宵》。最后顺序演唱各种愿灯剧目，如《赞灯》《滚灯》《斩灯》《赵三娃卖线》《桃园捡子》等。中间也可由主家点唱几个"耍灯"剧目，如《四儿打草鞋》《矮郎回门》及一些花灯小演唱。演出最后要表演《采茶》，行《谢茶》仪式。

出花灯时要"打加官"，讨红封，行《开财门》《走台》，演唱《梳妆记》(分男梳、女梳)等仪式。出"愿灯"折子，随主家还愿的目的各异选择有针对性的剧目演唱。为儿女除邪祛病者必唱《七星桥闯拜》；为老人祝寿者必唱《双上寿》；遇有夫妻不全在者唱《借妻上寿》。"愿灯"除演唱娱神的剧目外，也夹唱几个耍灯剧目，如《驼子回门》《三看亲》及一些小演唱。演唱结束后，再将灯神移至主家神龛，由灯头叩拜、卜卦、说"吉利话"。

"耍灯"又称"春灯"或"太平灯"，大部分为纯娱人的花灯演唱，专为增添节日气氛。演唱时间在正月初二出灯，正月十五收灯。

演唱程序为先《开财门》《闹元宵》，中间唱上两三个小演唱，最后是《送茶》《谢茶》，灯头说上一段祝词，祝愿主家清吉平安、万事如意、发财致富等。

"喜灯"专为民间迎亲嫁女演唱。灯神不再请至主家，仪式性的场面也不多，在行过《开财门》仪式后便可随意点唱耍灯折子，最后演唱《周堂》。新郎新娘站在场中，手撑衣襟，接亲友丢来的喜糖，这时扮狗大公（丑角）者口念贺词，大部分贺词均为吉祥语，主家听了自然满意，虽有几句既夸张又粗俗的语言，但在此特殊场合下也不嫌多余。

盐津花灯音乐统称"筒筒腔"，即由两把大筒筒（胡琴）伴奏，故名。唱腔因盐津方言的调类、调值、语言的声调起伏不大，除山歌风格的曲调外，其他曲调较平缓，音程多在二至四度的级进和小跳进间，构成216、612、535、453、145等音组较多的特点。唱词多为七字句、十字句的齐言体。曲调多为二句式和四句式，词句与乐句均对应、较规整。剧目中曲调结

背山的女人

构多为一剧多曲，即以多支花灯调的自由组合来完成全剧。

盐津花灯表演极具地方特色，有绝活。《滚灯》为"愿灯"专一剧目，表演难度极大。剧中丑角额头上放一盏点燃的油灯，睡在地上边滚边唱，油灯始终保持平衡。丑角要想站起来，须趁旦角防而不备之机，用口将油灯吹灭，并立即站起来，算表演成功。若中途又被旦角用手中的蜡烛迅速将油灯再次点燃，丑角还得继续滚唱，直至表演成功。《咬钉子》也算绝技，丑角于长条凳上，缠绕数转人不落地，且边唱边转，难度大。要"糍粑""连枷棒""春秋刀"，吸收民间武术与花灯组合表演，别具一格。"冉白"戏，为讲口戏。角色行盐津方言，诙谐、幽默、夸张、风趣。观众参与表演，为盐津花灯表演的又一特色。在演唱中，常有台上角色与围观群众对话，有时一问一答，有时相互补充，有时给予肯定或否定之类的评价，观众与演员直接交流，自娱自乐，气氛欢快热烈。

与昭通其他地区的花灯相比较，盐津花灯无论在表演、唱腔、演出形态等各个方面均较少受职业艺人的影响，更多地保留着原始风貌及自然形态，具有浓郁的地域特色，扎根于基层，活跃于民间，岁岁兴旺，久唱不衰。

千年活化石：傩戏

花灯伴奏

傩戏，是一种特殊的、古老的民间戏剧形态，主要在祭祀活动

傩戏

中演出，并由端公（巫师的别称）担任角色，故又称端公戏。傩戏表演者戴着面具，扮作驱鬼逐疫的神魔形象，以戏剧形式表现与祭祀相关的情节内容，或娱神、娱人的市俗闹剧，使演出充满神秘、魔幻的色彩。

傩戏剧目分为法事、正坛、耍坛三类。

法事多是酬神、驱邪等祭祀性的神道化表演；正坛剧目是庆坛中的主要项目，多掺杂与巫道有关的人物和事件，以及某些神话故事情节；耍坛剧目则多取材于说部演义、民间传说唱本及农村流行的笑话，程式化较高。

傩戏的祭祀活动分为阴事和阳事两大类。阴事专指丧葬祭祀，是为"殡天"者做的。阳事是为活人做的。迷信的乡人遇上一病两痛、三灾六难，以为是鬼神作祟，便请求神灵庇护，并许下傩愿。一旦到了还傩愿的时候，还要备好香蜡、纸钱、法器和祭献的用品。傩戏一般在还愿主家的堂屋演出，背面祭着神像，三面向观众，时空虚拟。傩戏班子里的演员也兼

法事主持，他们既能唱又能舞，还会"判卦""绘符""念咒"等法事技能。傩戏班多以"坛门"组合，艺人一般以做法事开始，以唱《盘洞》戏为结束。酬神驱鬼、禳灾驱邪、求吉纳福，都是为了活着，活得更精神，大可从容安排。故，阳事只在农历立冬后至次年立春前这段时间进行。如果立春后再做阳事，称为"桃花坛"，犯忌。据说做阳事的主家和端公都会因此而染上疯病。傩戏的演出多从属于阳事。阳事名目繁多，主要有几种：以酬神还愿为目的的"庆菩萨"，以镇宅驱邪为目的的"庆坛"，以驱鬼逐疫为目的的"打傩"，以祈寿延年为目的的"阳戏"，以酬神还愿为目的、但规模较小的"还钱"。最为常见的阳事是"庆坛"。地方志籍记："家供坛神者，每遇家境拂逆，人口疾病，谓为坛神作祟；或家务兴隆，置产生子，谓蒙坛神之麻，俱雇端公于家祈祷，并化装跳演，名曰'庆坛。'"坛神又何许物也？在供奉者居所的堂屋左下角有一块一尺见方的石头，石头向上一面凿成凹陷，置放香灰、米粮等物，叫"坛"。坛的上方有神榜，神榜上或写"赵侯圣主"，

或写"罗公大法师",或写"伍通盟王",或写"梓潼帝君",选一位做家神,即是所奉祀的"坛神"。庆坛有镇宅巫术的特点,求子嗣、求清吉平安、求日进斗金,都可以用庆坛来表达、来祈求。一位惯做庆坛法事的端公,有一副对联写庆坛的诸多效用,云:"建燕贺道场,庆文昌,以此微忱,祈菩萨佑我续嗣延龄;设了愿法会,祝赵公,用斯薄心,祷神娃护吾财盛富昌。"庆坛既然有这样多的效应,法事程序也相应复杂,一般持续五天,分文坛和武坛,文坛诵经,武坛表演傩戏。

表演还谈不上较规范的戏剧的形式、节奏以及情节,但都带有表演性,而且不断地向既娱神也娱人的市俗化发展。如《亮路》,本来表现的只是一个场景:一对仙童执火炬,行"端公步"、绕"线8字",边歌舞边引领神灵到祭祀现场。有形式,少情节,显然不符合娱神也娱人的欣赏要求。后来就发展了,仙童变成了仙兄仙妹,一男一女,生、旦都有了。仙兄仙妹又成为一对恋人,好事成双,情节有了曲折,内容也由单纯的引路发展为仙兄仙妹代神灵为施主"多照吉利广照财"。服务于情节和内容,表演形式中增加了对白、对唱、场下帮腔等。

12 傩戏

耍坛，是在法事之间为调节、活跃气氛而演出的表现市俗生活的闹剧。滑稽逗趣，语言粗俗，动作猥亵，表演者可以和观众调笑，打闹，反正是戴着面具跳假面舞，尽可放肆一点，观众也不会计较。故耍坛戏又被称作"春戏""花戏""笑坛戏"。

傩戏的演唱声腔有"九板十三腔"之说，调式变换随意性强，民歌小调、山歌俚曲、地方戏曲，甚至现代歌曲的声腔兼收并蓄。演唱最明显的特点是"帮腔"和"压尾子"。帮腔只用于正戏，通常是在剧中人唱首句或尾句末，帮腔者以虚字行腔帮衬，做情绪渲染。"压尾子"是一唱众和，剧中人领唱上句，下句由帮腔（乐队或其他表演者）应和，应和者头拍要压在上句的末拍上，故称"压尾子"。伴奏乐队一般4~6人，乐器有鼓、大锣、马锣、钹、铙钹、镲子。唱腔伴奏在段落之间做间歇性伴奏。表演伴奏有时用排子锣鼓，有时用锣鼓点。

面具是傩戏表演的主要形式特征之一。无论是傩祭活动还是傩

傩戏

戏演出，面具都被赋予了神秘的宗教与民俗含义。在傩文化圈子里的人们的意识中，面具是神灵的象征和载体，如何对待面具，往往要遵守约定俗成的各种清规戒律。例如制作面具时要先举行"开光"仪式，取用面具要事先举行"开箱"仪式，存放面具要举行"封箱"仪式。又如不让女人触摸面具，不让女人佩戴面具，面具的制作、使用、存放都是男人的事情。男人戴上面具即表示神灵已经附体，不得随意说话和行动。

尽管傩面具被赋予了复杂而神秘的种种宗教和民俗的含义，但它本身却不失为艺术百花园中的珍品。它本身就是一种造型艺术，遵循着它自身的艺术规律与原则。面具又称脸子或脸壳子，多为木质，近年亦多丝质，所绘花纹及色彩，各地大同小异。不同角色的面具造型不同，较为直观地表现出角色性格。

在傩戏演出中，还穿插着不少巫术表演。如捞油锅、捧炽石、过火炕、踩火砖、吞火吐火、踩刀梯等。傩戏演员大多是巫师出身，剧目又多是宗教色彩，其表演具有浓烈的宗教风格。如台步中的"走罡"，手势中的"按诀"，以及柳巾、师刀、师棍等特种道具的运用等。

时至今日，傩戏表演仍在盐津的农村流行，仍具有不衰的魅力。作为一种古老的传统民俗文化的表现形态，难免神奇与腐朽互见，精华与糟粕并存。取其精华、弃其糟粕，更好地发掘傩戏这一"活化石"的深沉、古朴的文化底蕴，无疑会对文化学、民俗学、戏剧史的研究产生积极的作用。

苗族狂欢节：踩花山

踩花山，又称"耍花山"，是苗族传统的盛大节日。节期一般在每年农历正月初，有相对固定的节址——花山场或跳场

坪，一般设在开阔的坪地上。赶节者多为青年男女，人数常达数百上千人。

花杆，是踩花山节的重要标志，其意义与"节徽"相似，一般选择高大、挺直的树，削枝剥皮，扎上簇簇五颜六色的鲜花和彩带，装饰得绚丽多彩。

踩花山这天，苗岭山乡一片欢腾。各村各寨的苗族同胞，从四面八方潮水般涌向花山场。小伙子们提笼架鸟，沿着崎岖的乡间小路边走边唱；姑娘们穿着鲜艳的百褶裙，撑着花布伞，翻山越岭，宛若成群结队的花蝴蝶……活动开始，先由"花杆头"向前来参加节庆的人们敬酒、祝福，接着，花山场内外锣鼓喧天，鞭炮齐鸣，铜炮枪声此起彼伏。

苗族同胞能歌善舞，节日跳场成了一片歌舞的海洋。身着盛装和佩戴银饰的妇女同男子们一道，围着花杆，踏着芦笙、唢呐的节拍，尽情歌舞，或对唱山歌，或跳蹬脚舞，或芦笙对调，沉浸在狂欢之中。

一年一度的踩花山，是苗族青年男女求恋寻偶、定情结侣的好时机。他们一起对歌、跳舞，相互认识和倾吐爱情。一旦相爱，男女双方互赠订情物，约订终身，以期来年再相会。

传说花山节与纪念祖先有关。上古时期，黄河流域居住着两个强大的部落民族——神龙氏炎帝和九黎蚩尤。《史记·封禅书》记载:"蚩尤在东平(今山东东平),齐之西境也。"炎帝先居于成纪(今甘肃天水),后迁居山东曲阜。炎帝和蚩尤经常发生战争,炎帝被蚩尤打败后,遂与居于涿鹿(今河北涿鹿)的轩辕部落黄帝联合,共同对付蚩尤,最后决战于涿鹿,蚩尤战败被杀,史称"蚩尤作乱,黄帝伐蚩尤"。以后黄帝与炎帝又发生战争,大战于阪泉,炎帝战败,黄帝的势力进入中原。蚩尤战败后,部落民族惨遭杀害,为躲避追杀,其部落民族向人烟绝迹的西北、西南方向逃亡。这个民族过去是中原较先进的部落,虽受战争的挫败,到黄帝孙颛顼帝时,南方的苗族又不断向北发展,复蚩尤之仇,与黄帝族人发生多次冲突,颛顼花了很大精力方能平息。苗族祖先长期跋涉迁徙,最后摆脱追兵,终于找到了湖南武陵山区这块乐园。在尽情地欢呼歌唱之余,想到无数头人和兄弟姐妹为部族的生存而战死沙场,无限悲痛,就唱起挽歌悼念死者,这是一个既喜又悲的日子。次年为悼念阵亡将士举行祭祀活动,原本为"悲情节日",但儿经迁徙安居不定,加上谈情说爱色彩,就改为"花山节"。以后每一年的这一天,苗族同胞都穿着盛装到山区开阔的坝子尽情欢歌,同时举行大祭活动,吹起芦笙为死者招魂。在自由活动中,男女青年更是欢天喜地,尽情欢唱,相伴为舞,自由地谈情说爱,由原来的祭祀逐渐演变为娱乐活动,花山场成为苗族同胞欢聚一堂、相互认识、交流感情、谈论家常、介绍发展、相互学习、取长补短、共同奔向文明进步的活动场所。

散居和杂居的苗族同胞在农历正月初一至十五过节。随着经济的发展、社会不断进步,近年来兴隆乡大坪村、滩头乡生基村、庙坝镇油菜坝、大龙函等地区都举办了具有一定规模的花山节。相对聚居的苗族在农历五月初五过节。特别是滩头乡的生基村,苗族同胞居住较集中,自1950年农历五月初五这天举行了隆重的花山节后,六十多年来,从未间断,至今,已连续举办了67届具有一定规模的花山节。规模一年比一年大,内容一年比一年丰富。

花山节传统项目有跳芦笙舞、对歌、骑马、射箭、斗牛、摔跤、穿衣、绩麻等，届时各地的苗族男女老少都穿上节日的盛装，怀着喜悦的心情，一路吹着芦笙、短笛向花场缓缓行进，女青年进入花场前还要精心打扮，竭尽全力把自己美丽的容颜展现出来。传统花场布置较简易，随着社会经济的发展、社会文明的进步，现在的花场布置气势恢宏，花场四周彩旗飘飘，艳丽多姿，五颜六色的空飘迎风招展，井然有序，设有舞台、观众席位，花杆立于舞台的正前方。花杆一般高度12米左右不等，花场主要路道入口处设有彩虹门，迎客花等，入道口两旁站有漂亮苗族女青年，用美酒、香烟、茶水欢迎四面八方来客。

未婚男女青年在花山上以情歌互对，寻求自己的意中人，有的去年约会今年见，一对对未婚男女青年在林中互相倾诉情爱或追逐嬉戏。年轻妇女聚集在一起，赛歌、对歌；中年男女相互交流介绍各自饲养畜牧、修房造屋、推广实用科技、发展经济、盘家养口的经验；老年人则深沉地唱着古歌，怀念祖先及死去的亲人。

场面更为壮观的是芦笙舞，几百上千人，不分男女老少，手拉手围成3~5层不等大圆圈尽情欢跳，整个队伍步伐随着芦笙曲调时而欢快激荡，时而低沉曼舞，特别是光彩照人、艳丽夺目的苗族花裙翩翩起舞，犹如一群群凤凰在开屏展翅，绚丽多姿，精彩纷呈，这也是花山节的高潮。

夜间，花场上的苗族同胞一般都不回家住宿。花场上时而响起木叶清脆优美动听的旋律，这是在向情人召唤；时而笛声悠扬婉转，这是在倾诉心中的情爱。欢快的芦笙，给苗族同胞们带来无尽欢乐的夜晚。在短暂的休息安静之后，又继续营造出欢乐的海洋。在月光皎洁的夜晚，一对对男女青年，牵着手、唱着歌，踏着月光，悠闲自在，漫步田野，走进山林，尽

苗族花山节

情地歌唱。空地上燃起一堆堆篝火，昼夜通明，男女青年围火起舞，老年人吹弹不止，尽情绽放心中的喜悦。不少人，举杯欢歌，开怀痛饮，高高兴兴地醉倒在火旁、林边、山野。

小型的花山节一天一夜，大型的三天三夜不等。近年来，花山节活动除保留原来的对歌、骑马比赛、穿衣绩麻等传统节目外，新增了拔河、射击、服装表演、篮球、足球、田径等体育运动项目，商家也瞄准了花山节，节日期间组织物资交流，供应民族特需商品和日用百货，苗族群众也借机推销自己的农特产品。文化部门也积极参与，演出民族民间歌舞，丰富群众的文化生活。将花山节办成大型的苗族运动会和物资展销会。

如今的花山节，不仅具有传统的意味，还融入了崭新的时代元素。

苗族花山节

书法绘画：宣纸上流动的春秋

> 纸的发明促进了人类文明向前迈进了一大步。一张薄纸改变了人们大脑思维的方式和模式，也改变了人们的行为习惯准则。人是伟大的，纸也是伟大的，有了这种伟大，人们便以前赴后继的姿态，生活在纸上，站立在纸上，铸就人生的春夏秋冬。

水墨工笔，描山绘水

曾经看到过一幅画作，画为陇泽勋所作，作品所画的是盐津吊钟岩图景：夕阳西坠，即将消匿于蓝天白云中，夕阳下，吊钟岩层峦叠嶂，峰顶直插云霄，触摸着即将坠的夕阳。不知是吊钟岩追逐夕阳，还是夕阳追逐着山峰。吊钟岩雄奇险峻，一边为刀砍斧削，一边为嶙峋乱石。虽有绿树，但不成荫。整个山峰有些苍翠，更多的却被白色的岩石镶嵌。

陇泽勋，男，彝族。生于 1940 年。原昭通美协理事、云南省群众文化学会会员、中国美术家协会云南分会会员。历任盐津县文化馆馆长，盐津县第四、第五届政协副主席。陇泽勋长期从事美术教育、创作，作品多次入选省、市美展并获奖。

作为一位在盐津早期创作绘画的工作者，陇泽勋一直坚持着绘画创作，并走遍了盐津的山山水水，对盐津土地上的一草一木有着深厚的感情，盐津的每一处风景，无不深深烙在他的脑海之中。

范慈俊作品

盐津,这一个镶嵌在裂缝中的小城,虽深陷于大山峡谷之中,但踏上大山,却又是另一番景象:如水墨,如油彩,如素描,如简笔,如悬挂在墙上的另一幅风景图。

比陇泽勋更早一些创作书法和绘画作品的盐津落雁文化人李籍清,生于1891年,卒于1950年。立足于盐津本土,他也擅长创作书法和绘画,《盐津县书画诗词楹联协会会员作品选》(2005年出版)对李籍清先生的介绍是:"工隶书,善行楷,涉金石、篆籀,更兼水墨花鸟。其书或卷动沈雄,或飘逸流丽。其画笔墨简约,意诣深远。"

对于书法和绘画作品,我本纯属外行,这就像瞎子看见朝霞,虽有霞光万道,甚是光彩夺目,对于瞎子本身而言,也不见一丝光彩,白白浪费了美丽的一方大好景色。

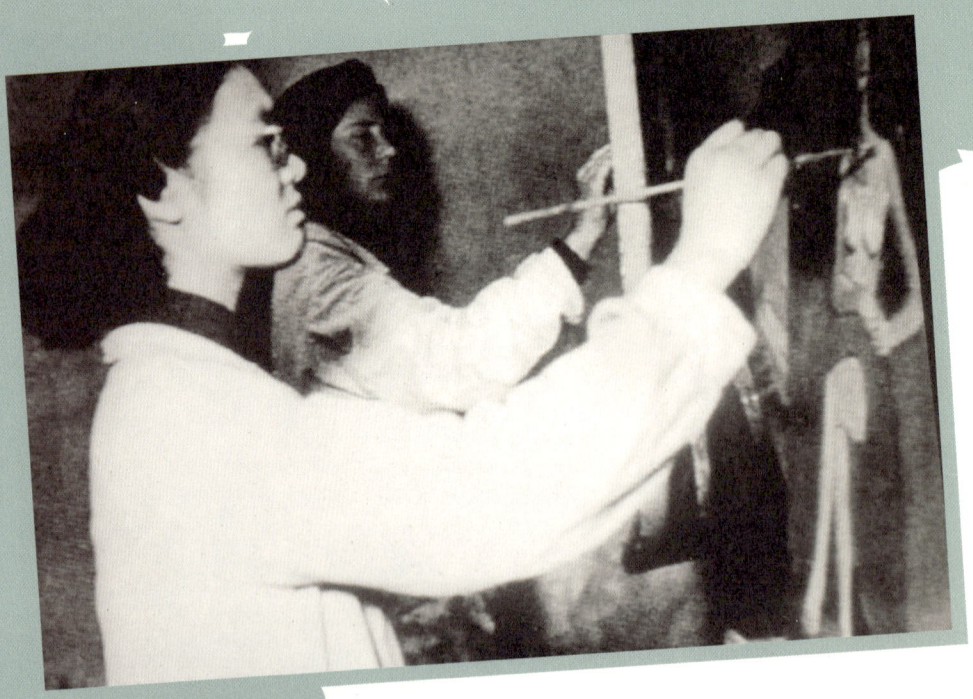

画家刘自鸣

因为工作的原因，我又不得不与书法和绘画作家及其作品打交道，所以涉世不深，不能评头论足，只看表面，不探略品评。

看到李籍清先生遗留的四卷花草画作，让人感觉的就是佩服先生工笔的细腻。画兰：兰草从石缝中渗出芊芊细苗，本是瘦瘠的土地，却能生长出窈窕娇嫩的身段，不以出身的贫贱而卑微，只以本身的努力而奉献。画竹：挺拔秀丽，婀娜多姿，秀逸神韵，纤细柔美，长青不败，高风亮节，高尚不俗，生机盎然，蓬勃向上……独自在变化万千的尘世中摇曳着自己那翠生生的光景，独舞在天光云影之下，挺着油绿的身板俯首眺望。画菊：傲然凌霜，花团锦簇，拔蕊怒放。众花皆凋谢，唯有我独开，千年的等待就为了一时的绽放，"宁可枝头抱香死，何曾吹落北风中"，描写出了菊花的傲骨；"飒飒西风满院栽，蕊寒香冷蝶难来。他年我若为青帝，报与桃花一处开。"描写出了菊花的无奈和志向。而画作中的菊花，却不显山漏水，静静地隐藏在荒野中，大美隐藏于小野，更显菊花的独特与魅力。而画梅，更彰显出画作

青年画家王清

的特色。不见霜雪，只见树枝，不见寒风，只见花开，在静寂的画面上，让你能听到花开的声音。其实，真正的美不在其外表，而在与欲与不欲之间。唯美的东西不在，但接近唯美的东西却无处不在。

说到绘画，就不得不提起刘自鸣。刘自鸣，女，生于1927年，卒于2014年，云南盐津人，早年失去听讲能力，1946年北平国立艺专肄业，1949年赴法国在巴黎大茅舍画院和国立高等美术学院学画，1956年回国在北京文联美术室工作。云南省文化局美术摄影工作室、云南画院专业画家，一级美术师，中国美术家协会会员。其《静物》获1957年第一届全国青年美展三等奖。

对于大家的作品，我们无法评价，不过，从文本上获知，她被称为"中国画坛的女贵族"，从这一称呼，足可以看出人们对她的敬重和看重。评论文章对她的作品这样说："刘自鸣晚年的油画高度单纯化，更具意形、意色、意境的形式趣味。在很接近的色彩中，没有光影的强调，在朦胧与模糊的构成中，透出一种动人的雅逸、虚静和生命的从容，这便是大师的深度。"

据说，刘自鸣将手中的两千多幅油画、水墨、墨彩画、水

彩、素描、速写、创作草图，捐赠给了云南省博物馆。云南省博物馆辟出专门的展厅，永久陈列她的作品并出版其作品全集。她将省博物馆回馈给她的奖金中的五百万元捐赠给北京大学、清华大学，作为扶持云南贫困学生的助学基金。就凭这一点，我们也可以看出画家的高尚品德，她将是我们穷其一生学习的楷模。

翰墨抒锦绣，笔墨谱春秋。在盐津，穷其一生追求艺术创作的大有人在，就我所听说的，有很多艺术家就让我钦佩不已。

我经常听到我的领导提到一个叫范慈俊的老师，曾经立足描绘盐津的风景，创作了很多非常不错的绘画作品，他创作过一幅关河长卷，长达100米。画作描绘了关河的山山水水，真正地体现了水墨盐津的秀丽风景。我无福一睹该幅作品的风采，只在书上偶尔看到过他创作的几幅作品，给我的印象是：画作清洁明朗，笔法苍劲老成，着色鲜艳，线条细腻，给我的感觉就是——绝美！而在宣纸上描绘100米长卷，可以想见付出了多少心血和汗水？度过了多少个春秋冬夏？

如果让我们以史志的方式去寻找盐津画坛的名家，群星荟萃，很难一一罗列，对于我这样绘画界的门外汉，更是管固一窥，只知

青年画家赵洪

李昌银书法作品
（石门关长联之三）

晓皮毛，难以品头论足，就像现在，仅只罗列四人，也让我诚惶诚恐，生怕错失较多，还足足浪费了读者大多光阴，也让我在描述的时候汗流满面。如果再赘述，真就给人以恬不知耻的口实了。

笔走龙蛇，宣纸留痕

其实走在峡谷谷底的盐津，你随处都可以遇见可以画得出画，写得成字的人。

临夜，一个朋友打电话约我出去喝茶，我问他有哪些人，他告诉我，有几个书法界的文化人，我问具体有哪些，他告诉了我一些名字，说出来，都是一些书法界的好手。

聊起书法，不得不提起书法界先辈李在崙先生。李在崙生于1924年，1937年随父迁入盐津。据记载：书法各体皆能，尤工隶法。其书法或庄重凝重，或飘逸秀丽。饮誉滇东北。为盐津书法拓荒者之一，远继先芬，扶掖新人，不悔业常，盐津书坛或授业延池，皆沐其风。

一个地方，总需要一批人执着于一些事，才会影响一批人去从事一些事，如果没有李氏家族中一大批执着于书法的影响，盐津或许不会出现那么多喜欢书法的人。这就有如吊兰，只要根茎不死，就会分发出众多的枝叶，围绕枝叶，形成一个浓荫裹闭绿荫属地。盐津既是这样，因为有一个主体，所以才开枝散叶，四处弥漫着书法的氛围和气息。

与书法相濡以沫的，后来还出现了何再林和吕世平。何再林，男，1946年4月出生于四川筠连，1950年随父母迁入盐津，长大以后，工作并客居昆明。中国书法家协会会员，云南省书法家协会原副秘书长，云南省"文学艺术创作（政府）奖"第

何再林书法作品

三届书法类评委,云南省"群星奖"评委。

何再林的作品参加过全国第四届书法篆刻展览(北京),全国百位书法家作品展(青岛),全国书画精英展(武汉),人与自然——迈向二十一世纪中国当代名家书法作品邀请展(昆明),中国首届竹文化书画邀请展(北京),国际书法展(台北),庆奥运和谐中国"千福""千喜"全国书法邀请展(北京),首届全国老年书法作品展览(武汉),庆祝党的十七大召开"和谐盛世"全国名人名家书画邀请展(西安),纪念周恩来诞辰一百一十周年,书画系列展·名家展(南京),庆祖国六十华诞·全国名家书法邀请展(北京),"春天的故事"全国书画名家作品展以及中华当代书画艺术展等三十余次全国性大展。

因为何再林出生地不是盐津,长大后工作并客居昆明,只是成长在盐津,所以,对于盐津人来说,就很少有人提及。但对于何再林本人来说,他对书法的造诣,或多或少在盐津受到了教育和影响。

吕世平也是盐津人,其人为中国书法家协会会员,云南警察诗书画院名誉院长,昭通书法家协会名誉主席,昭通书画研究院副院长,昭通公安文联主席。其书法重传统,求新意,博采众长,融会贯通,格调高雅。作品入选全国首届和第三届"卫士之光"书法摄影美术展、全国首届书坛新人作品展、全国第五届中青年书法篆刻家书法展、全国第一届正书展、全国第一届扇面书法展、全国第八届群星奖书法摄影美术展、中国常德诗墙碑林等。入编《当代中国书法艺术大成(第三册)》。

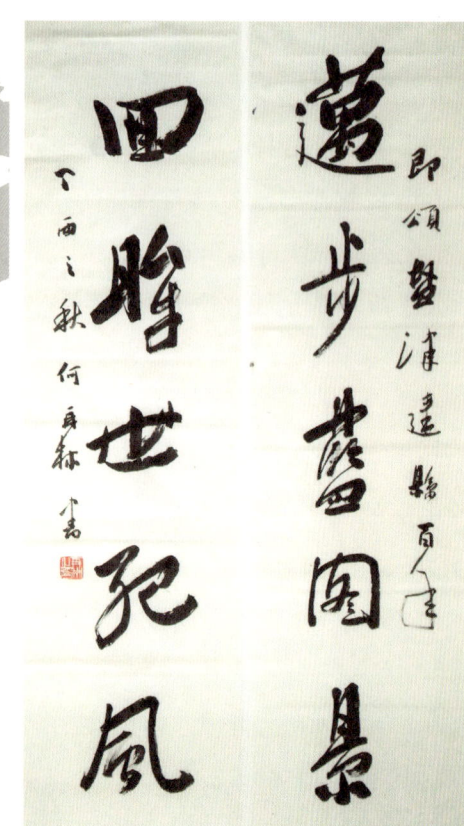

何再林和吕世平，也是盐津书法向外延展的两支奇秀的峰岭。

之后，更有以李昌银、李荣曦、严康俊、何为民、王浩鉴、钟世伦、周一玖等一批盐津书法名家，他们的书法作品各有特色，千秋各异。他们也立足于本地，在宣纸上走动，把春秋冬夏全部驱赶在宣纸上，或游走龙蛇，或稳练持重；或行云流水，或大气凌然。进入他们的家居居室，闻到的是墨香，看到的是书籍，品味的是艺术，欣赏的是人生。

我不是书法艺术人，不能对众多的书法绘画艺术做评论，所以一路走来，我只是在裂缝里看花草，在缝隙中窥点滴，而在宣纸上行走的人们，他们才是真正艺术的主人，他们才是描绘春秋的猎豹。正是因为有了他们，盐津，这块藏在裂缝中的水墨画，才显得更加美丽，更加真实，更加动人心魄。

❶ 王浩鉴书法作品
❷ 李荣曦书法作品

诗词文学：悬崖上跳跃的文字

> 文字工作者最重要的使命就是让文字活起来并站在纸上，站在纸上的文字可以静立，也可以跳跃，可以给人以美的享受，也可以给人以醍醐灌顶的能量。

留下一片旷野：盐津文学的前世

一边是悬崖美女，一边是猎豹奔驰，在峡谷里游走，你不知道将会遇到的是美女还是猎豹？人的想象往往会比现实丰富得多，多少年来，因为有了想象，人们才有生存活着的希望，才会不断地追逐、不断地创造、不断地锻铸出新的成果。

文学源自创造，源自想象。盐津人生活在峡谷谷底，头顶是蓝天，脚下是河流，人们生活在缝隙的中间。所以，人就像岩石上奔走的猎豹，人就像在岩缝中游走的山羊，灵动而灵巧，聪慧而勤劳。

清宣统乙酉科进士李明璋，就著有《咏妹儿山》四季古诗，描绘落雁妹儿山风景：

　　春容淡淡巧凝妆，裹雾梳云粉黛光。
　　浴近龙潭凭雨洗，佩将芹草作兰香。

钟世伦书法作品

桃红点点唇初抹，柳绿丝丝鬓未霜。
非怪坚贞人莫比，妹儿原是石心肠。

除进士李明璋外，描写盐津风光的还有赵树吉著《盐井渡铁索桥》五言律诗，周元卿、罗正冠著《游白岩洞》，杨光灿著《黎山四景》，陈一得著《无题七绝》等。举人赵昌熙、徐继川也留下了大批诗词作品。其他再如李再芳、谢德馨、秦长荣、赵汝为等也有诗词楹联流传于世。遗憾的是这些作品在特殊的历史时期被销毁。

中华人民共和国成立以后，县内写古诗的人依然代代相传。特别是改革开放后的几十年间，从耄耋之年的老翁到佩戴红领巾的小学生，写古诗的也大有人在。县文联编辑出版的《翰墨春秋》一书，作者就达50人之多。《僰乡流韵》是豆沙古诗爱好者的专集，一个镇就有作者十多人。此外，谢远辉、李昌银、刘天一、陈则灵、唐文炘、李文逵、何为民等还出了个人专集。

1979年至1980年，县文化馆编辑出版《芳草》文艺杂志，杂志虽然只出版了两期，编辑了40多人诗词、歌曲、散文、小品、演唱材料等49篇，充分展现了盐津在文学创作上的首创精神，也由此可以看出盐津人对文学创作的热爱和执着，带动鼓舞了一大批人走上文学创作之路。谢远辉戏剧作品《打鼓草》《两妯娌》刊发在《山茶》1983年第2期，《换宝箱》刊载《云南戏剧》1986年第2期。其他也有作者在省级以上刊物上发表作品，并相继获得各种奖励。

提起盐津文学，就不得不提到与盐津生死相关的一个关键人物。他，就像一个乡下人，眼睛总是盯着泥土与河水。峡谷是风生水起的，河流是排山倒海的，而他

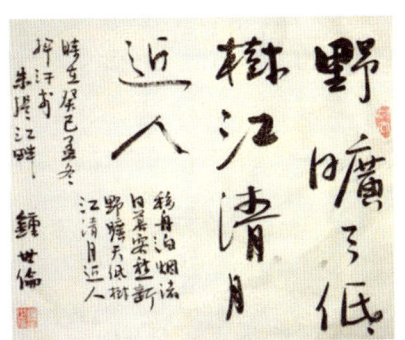

却很平和。对他而言，就像所有人都跟他是兄弟姊妹。他很亲切，就像所有的树木都是他的亲人。他从盐津走出去，到昭通，到昆明，最终，以他深厚的文字功底，享誉中国文坛，他，就是雷平阳先生。

早在盐津工作期间，雷平阳就创作过许多作品，他创作的《悬棺》获《青春丛刊》举办的全国首届大学生诗赛一等奖，《血缘》获成都《星星》诗刊1989年全国"星星杯"诗赛佳作奖，《闪光的牛栏江》获昆明文学院1989年首届青年诗赛二等奖。这些奖项，对于后来获得鲁迅文学奖甚至担当鲁奖评委和众多国家大奖的雷平阳来说虽然不值一提，但对后来的盐津人来说，却让人们终生不可企及。毕竟这些奖项，属于专业的评审队伍评定，其等级和级别，平常人可望而不可即。

对盐津文学而言，雷平阳的贡献不仅在诗歌创作上取得的卓越成就，还在扶掖新人，带动群体。他在盐津工作时，就多次组织开展各种活动，营造创作氛围，带动了一批文学创作爱好者走上了文学之路。可以说，盐津文学走到今天，雷平阳起到了至关重要的领头雁作用。

1990年7月18日，在雷平阳的衔接和牵引下，由昭通地区文联、地区作协主办的首次诗歌创作笔会在盐津召开，这次笔会是中华人民共和国成立以后，以现代文学创作为主题的文学笔会，为后来昭通文学现象的形成奠定了坚实的基础。这次笔会既是昭通文学及昭通文学作者走向成熟的一个分水岭，也是盐津文学创作的一个开端。

笔会期间，与会者还畅游了盐津风景名胜景点。

笔会结束后，昭通地区文联主办的《南高原》以"石门抒怀——盐津笔会作品选登"为题，刊发与会者作品21篇，盐津作者作品就有11篇（首），为盐津文学创作历史写下了浓墨重彩的一笔。

走进春天，盐津文学的今生

1997年6月，盐津因为有了另一个文学天才，迎来了一次盛会。

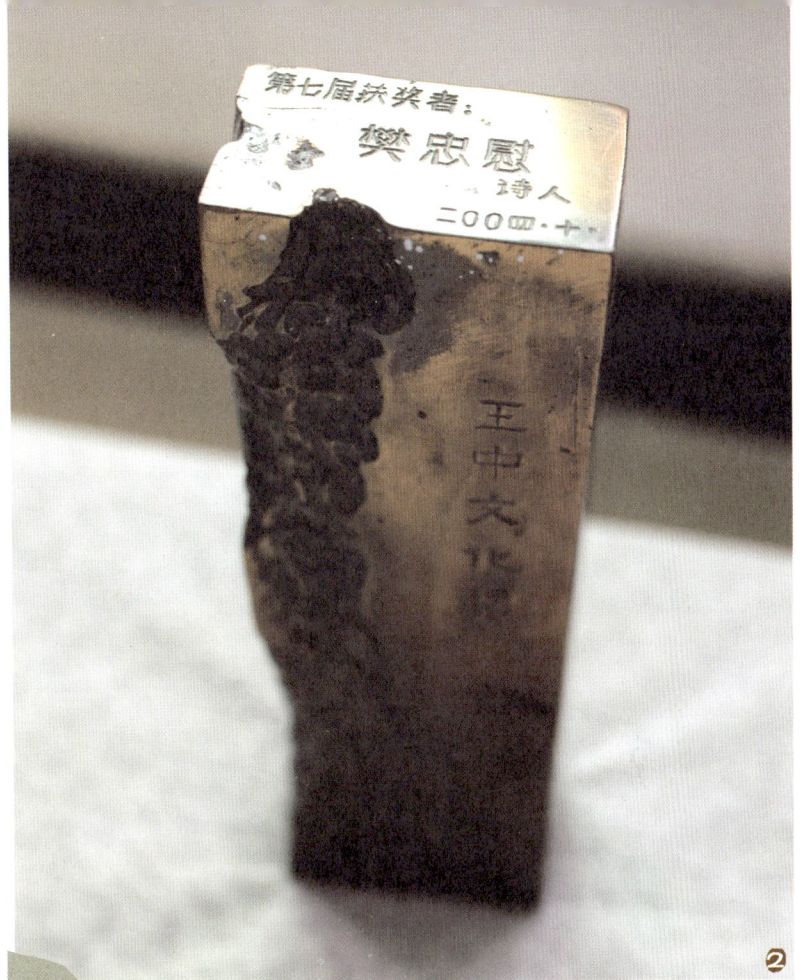

这次盛会，迎来了以中国著名作家李瑛任团长，李準任副团长的中国文化扶贫团的访问。这次文化扶贫，加上云南随访作家代表4人和昭通地区陪同人员18人，一行共计33人。这次文化活动，创盐津历史，档次最高，规模最大，盛况空前。参加这次访问团的成员中，有中国著名作家、诗人、评论家、书法家、翻译家、文艺理论家、教授、博导和大型文学刊物（《诗刊》《当代》《十月》）的主编和副主编，有李瑛、李準、刘湛秋、叶廷芳、汪兆骞、王占军、中英杰、王振民、陆贵山、郭庆祥等，这些当时在中国文坛的领军人物及重量级人物齐聚盐津，毫不夸张地说，把中国文坛都搬到了盐津。

云南随访的作家代表，也有中国著名诗人、歌唱家、作家、记者，他们是晓雪、赵履珠、米思及、李幸平。这些代表，在当时也是足以代表云南文坛，他们的成就，也享誉中

❶ 诗人樊忠慰
❷ 樊忠慰获王中文化奖

盐津文学书籍

国，成绩斐然。

著名作家李瑛、刘湛秋紧握樊忠慰的手说：想不到盐津这片沃土，会养育着这么一位优秀的诗人。

此次文化扶贫，让随访作家感慨颇多，留下了很多描写盐津的作品。其中，李瑛的组诗《我的另一个祖国》，中英杰的《昭通悬念》众口皆碑。

一方山水，养育一方人，一方灵秀。中国文化扶贫团能够选择来盐津，一定有他们选择盐津的理由，这种理由，或许是天赐的，或许是偶然的。但正是因为这些天赐的机遇和偶然，才推动了盐津文学爱好者执着于走在文学创作的道路上，即使没有辉煌，也前赴后继地前行着。

闪烁的辉煌毕竟是少数的。在状若星河的中国文坛，如果要让辉煌闪耀，没有一定的天赋和努力，不能成其闪烁，而要让人记住一个人的名字，并将其文学成就载入史册，那他的成就也就让人永远仰为观之。

盐津诗人樊忠慰就是这众多星云中闪烁的一颗。

樊忠慰，盐津兴隆人，1968年出生，1990年昭通师专毕业，中国当代诗坛的传奇人物，仅就中国权威诗刊发表的作品的数量，就达100多首，这在当代诗坛确属少见。而两次获得鲁迅文学奖提名，在中国诗坛也当属唯一。

对于樊忠慰来说，有人概括其最爱的有三样，一是诗歌，二是孩子，三是美女。我不敢评价此种说法的对与否，只知道他的确喜爱诗歌和孩子，至于美女，我想大多数男性，都不会否认自己爱美女，毕竟"爱美是人的天性"，古人就说过："食、色，性也。"如果单单放在忠慰身上，似乎就显得有些不敬之嫌了。

樊忠慰写诗，或许是因为他内心中潜藏的孤独，生活中缺乏诗，爱情中少了诗，所以他热爱诗，只有诗歌，才能把他心底里想喊的话喊出来，才能把心底里想唱的歌唱出来。他的诗歌天真淳朴、自然流淌。如梦呓，又如歌吟，富含人生哲理，让人回味无穷。

悬　棺

一个死去多年的人
他想飞，他在岩石堆起的天空
咀嚼盐粒和木头
像所有的梦睡在一起
他不知道自己死了多久
我没去过这地方
我不想去，去了，也看不见
看不见时间打败的英雄

流水带走的美人
大风吹散的文字
我咬碎牙咬碎血
咬碎夕阳下的山峰
如果那个想飞的人
从开遍野菊的小路上回来
一切都会永恒
一切都会绝望

——樊忠慰

2001年，樊忠慰的诗集《绿太阳》由云南人民出版社出版后，在全国引起了出人意料的反响，有评论认为它是"中国近年来诗歌创作的顶峰之作"。2004年《绿太阳》获得云南省政府文学奖二等奖。作家潘灵说："就凭那句'每一粒沙，都是渴死的水'，他就该获奖。他写诗就像炼丹，去掉了所有的杂质。他的诗是生命之骨炼成的丹。"

许许多多执着于使用文字说话的盐津人，就像于坚所描绘的那样："扛不住枪。"只能用跳跃的文字说话，说出自己想说的话，说出自己不能说的话。

2005年，盐津县文联成立。自此以后，盐津文学创作迈上了一个新的台阶。在盐津县文联引领下，涌现了一大批热爱文学创作的人才。文联立足盐津文学期刊《豆沙关》，编发了40多期，编辑出版了个人专集31本，合集21本。

2013年10月，昭通市文学艺术家创作中心推出了《盘点昭通作家》一文。经过盘点，昭通作家在省级以上纯文学期刊发表作品或出版专著的有盐津

盐津3人文学书籍

籍作家 11 人。实际上，昭通作家在省级以上纯文学期刊发表作品或出版专著的、与盐津有关联的作家不下数十人，所谓的 11 人，只是表现在现当代纯文学创作方面，而在整个文化领域，不管是古典诗词创作、书法、绘画、摄影、文艺舞蹈表演、剪纸、烙画、雕刻、民艺表演等等，盐津文艺都可谓独树一帜，在全市乃至全省，都占有一席之地。

如果说文字在悬崖上跳跃，人们在峡谷里行走，单就行走在那么一条缝隙中的文字工作者，还有诸如傅泽刚、贾薇等一般在文学创作上取得显著成绩的人，还有许许多多。因为我们视野的狭窄，无法了解和列举的人，他们并不是文字没有跳跃，只是因为盐津的悬崖太陡峭，文字的跳跃又太有乐感，让我们这些深处陋室的人，无法窥见而已。但我相信，盐津，的确终会有那么一帮人，行走在孤独的文字上，即使前面就是断崖，即使前面已经没了前行的路，他们依然会向前走，一直向前走，执着而坚定，忠诚而热情。

第四章

唇齿相依故乡情

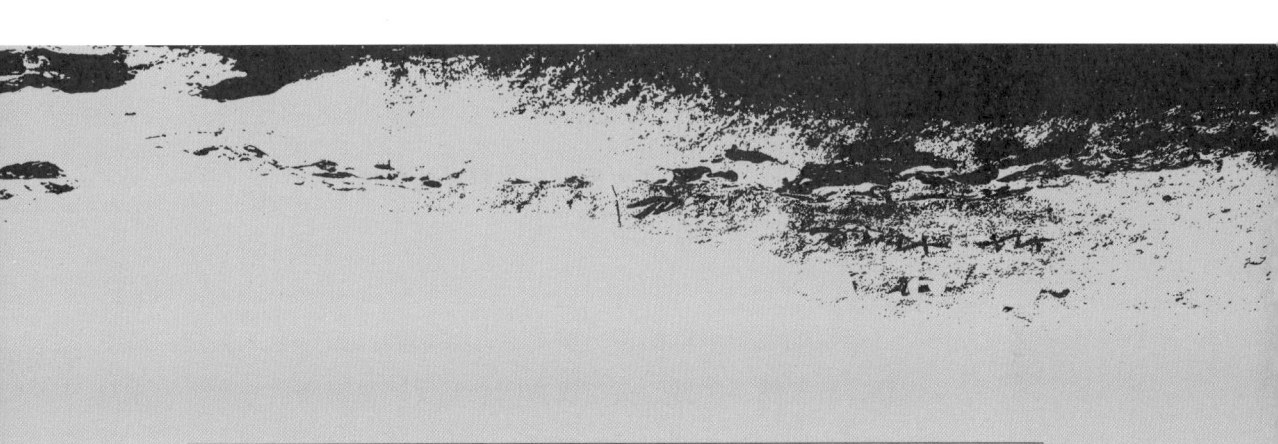

对于食客而言，无论走到哪里，头等大事是品尝当地的特色美食。好的美食不仅仅是过足口瘾，更是一次饮食文化体验的过程。有美食的地方，自然心甘情愿驻足，没有谁，会拒绝舌尖与美食浪漫的邂逅。

乡宴：来自故乡的请柬

> 现代的人已怯于说乡愁。关于亲人、故土的思念常常缘于美食而终于美食。当故乡以特殊的方式邀请你赴一场乡宴时，乡味里长出的乡情在那片土地上永远熟稔，血脉相连，从未陌生。

九大碗：一个村庄的宴席

老家的表叔来电话说，要给幺儿接媳妇，让一家人去耍。放下电话，心里就不平静，多年没有回老家了，是该回去看看了。来自故乡的邀请，是乡情亲情的重温，不能拒绝。

在故乡的小镇，遇了婚丧嫁娶、孩子过满月、乔迁新居这些事，按乡俗都是要办酒席待客的。家中有这些事的一方要置办宴席款待过来帮忙及添贺礼的乡党亲朋，称之为"待客"。待客的水平反映一家人在村里的地位和声誉，主家往往倾其所有要把宴席办好。老家办宴席叫办九大碗。九大碗既是指宴席中上菜的数目，也指宴席的本身，乡人路头碰面，都会热情招呼：走啊，吃九大碗去。

一家办事，全村帮忙，一个村庄的宴席随着日子的到来有序铺开。

请大管和内管是主家首先要做的事。大管是决定着宴席质量好坏的关键人物，负责安排宴席一切大小事宜，极其重要。通常会找

本村德高望重的人来担此重任，一般为公职人员，比如教师、村长等。乡民认为公职人员"有威信""处事妥帖""经验丰富"，能镇住大场面。大管要根据主家的客情预订桌数规模，买多少菜，需要多少帮手，联系掌勺大厨、二厨，搭建场地等等。内管负责所有财务往来，喝什么酒，抽什么烟，买什么原料，出几个菜，支客使人都由内管说了算。好的内管，可以把整场宴席安排得顺利妥当，若请到了经验不足的内管，必定手忙脚乱、错漏百出，甚至得罪主家、怠慢宾客，导致宴席蒙上不悦的情绪。

宴席一般三天，头天叫花椒，第二天叫正酒，第三天叫复宴。花椒这天厨师首先到场，确定好位置，三炉四灶一字摆开。现在一般用钢板焊制的大铁炉，以前是用红砖头砌出临时的炉灶。由于菜太多，通常都会架几块案板，充当厨房操作台。案板一般是特制的宽大木板，厚实而牢固，分红板和

九大碗宴席

白板。红板切生肉，白板切菜，切菜分菜就在案板上完成。负责洗菜分菜的一般固定八个妇女，菜必须分门别类地摆放好，开席的时候直接端上桌。

农村办一场宴席是一项大工程，需要好几百个碗。品碗、饭碗、盘子哪家有多少，内管比谁都清楚，这些都由他指派人去借，然后在本子上详细记下张顺家十个小碗，李二娃家五个鱼盘。乡人和气一般都会借，有破损，主家是会赔偿的。炒菜用的超级大锅好借，那时候家家户户的灶台上都有这种煮猪食的大锅，抬来洗干净就是。借桌子借板凳就是满街娃儿些的事，桌子是八仙桌，板凳是长条凳，内管会仔仔细细在配桌子的四条板凳上，认真用毛笔写好主人的姓名，防止扯错。不得不说，那时候农村人把这种互帮互助，充分利用资源的美德发挥得淋漓尽致。

娃儿些特别喜欢看杀猪。主家会把辛苦养了一年的猪杀了待客，不过杀猪可是个体力活，必须要几个彪形大汉才能搞定。杀猪匠一边说笑一边操作，杀猪、吹气、刮毛、开膛，一只活蹦乱跳的大肥猪，在杀猪匠的利刀下被跺成一刀刀红白相间的猪肉，猪头猪脚猪下水也都收拾得干干净净。娃儿些更为兴奋的是，猪腹隔膜里的水泡杀猪匠会摘下来送给他们玩，还会把扁担肝（猪胰脏）割下来送给他们拿去烤来吃。这个扁担肝要放一点盐，用菜叶子裹着在炉火上慢慢烤，味道很好，小时候我就吃过。

肉准备好了就是大厨的事了。办酒席是件大事，需要做平常难得吃到的大菜，所以一定要请一个远近闻名的土厨师掌勺。虽说这些土大厨没"厨师证"之类的身份证明，但是他做菜的味道和风格，大家都心知肚明，因为做这一行靠的都是口碑。所以说，能被主家请来帮忙的肯定都有两手绝活。如今，这种乡村土厨已经渐渐消失。相反，一些在城里打工的新型厨师慢慢走进乡村，做起了"农村酒

席一条龙"的生意，总感觉没有土厨师手艺好。

大厨会根据天气、主家的要求安排菜谱，但上菜一定是九大碗。固定的每桌八个人，九碗菜。大碗，更准确的名字是斗碗或者品碗，是容量很大的碗。九大碗的第一碗，特别称为"头菜"或"镶碗"，一定是用蛋卷子覆盖在酥肉等食材之上，蒸半小时加高汤撒葱花，必须是放在餐桌中间显得极为尊贵。

关于九大碗，有民俗学家认为是清

❶❷ 蒸菜

烧白

代才开始形成的一种饮食习俗。"九大碗"在盐津有个民间传说，说中和一个叫杨秀蛟的人，小女杨再禧年方二八，天生丽质，贤淑贞良，订婚后尚未过门，腹突长恶瘤，外界传言其不嫁而孕，婆家轻信谣言，认为杨再禧败坏门风，多次逼其退婚。杨再禧含冤投缳身亡，其母冉杨氏悲痛欲绝，举家上京告状，最终感动慈禧太后，赐"圣旨旌表"金匾立牌坊颂德。牌坊完工当天，冉杨氏心情异常振奋，便拟菜谱九道，大摆"九大碗"宴席三日。其菜谱为：沉冤得雪（清河水煮细鲢鱼）、一清二白（菠菜煮豆腐）、愁肠寸断（爆肚头）、云开见日（荷包蛋）、千丝万缕（鸡肉炖粉条）、老马识途（筇笋炖猪脚）、皇恩浩荡（镶碗）、八仙过海（酥肉）、九九归一（猪膀膀）。

民间还有一首《九碗歌》：主人请我吃晌午，碗儿摆得像座山；一举成名是镶碗，同心同德夹心肉；三碗糖扣心心印，四碗锦上添花酒米饭；五碗山清水秀鱼肉美，六碗鸭子一整盘；七碗墩墩儿有块数，八碗肥肉炕漉漉；九碗一青二白煮豆腐，酒足饭饱一身酥。歌声既感谢主人热情招待，也有对厨师办置九大碗手艺的赞美。歌词和传说相映成趣，乡情乡味别有一番滋味。

故乡的风土人情一幕幕浮现在眼前，表叔的邀请提醒自己与那

片土地的血脉关联。明天回家吧,参加故乡的宴会,我能想象表叔家开宴的盛况:数十上百人聚在一处,在一阵鞭炮响后,于漫天青烟中按男女的性别,辈分的高低,分散坐于一张张八仙桌旁,伸箸畅食,举杯畅饮。不远的地方,红砖的土灶上叠着高高的蒸笼,热气腾腾,简易的案板上堆满菜肴、餐具。腰拴一截油迹斑斑围裙的厨师飞快地挥舞手中的锅铲或菜刀,一碗碗菜流水一样地端上桌子,表叔不停地招呼客人说人手少,菜不好,大家多多原谅⋯⋯

杀猪饭:一个家庭的丰收盛宴

"四六不开圈。"凡是带四或者带六的日子都不能杀猪,表叔对此精到得很。在农村杀猪是件大事,关系到一家人一年的运程,大意不得。看了几天的皇历,表叔才选定了冬月十八。这天是个好日子,大酒期没有什么破绽。立马打电话给杀猪匠周三叔提前约定,怕他到时候被别家请去忙不过来。打电话给县城工作的老二和乡下教书的老幺,到时要回家帮忙。

杀猪日果然是个好日子,表叔大清早就在坝子里看天气,下了一个星期的阴雨天终于放晴了,尽管地上还有昨晚下的霜冻,踩上去吱吱作响,心里还是热乎乎的。邻居家的二毛子、三哥、幺叔知道要杀猪都来帮忙,不用喊,这是农村的风俗。就在靠坝子边的土坎上,三哥三下五除二就刨出了一个深坑,安上大铁锅,垫上塑料薄膜,烫猪的地点就搞定。细心的三哥

❶ 蒸圆子
❷ 土火锅

还专门开了烟道，否则一会儿刨猪时会被烟子熏晕的。二毛子拆了去年的佛手瓜架，抱来当柴烧，干柴烈火一会儿就烧开了一大锅水。

"你儿爷子还早嘛"周三叔来的时候是挂着一根铁质梃杖来的，拴着一块油腻腻的围腰帕，才下坎远远地就给大家打招呼。表叔赶紧迎上，接过背篼放在檐坎上。背篼里都是三叔吃饭的家伙：一把两尺长的杀猪刀，一把桃叶形的开边刀，一把厚背砍刀，两副扎实的钩链，两三个卷曲的瓦状刨子，包括挂路来的梃杖，都是铁家伙。接过表叔递来的苞谷酒，三叔使劲咂了一口，才慢悠悠地说：这个鬼天气，有点冷哦。

表叔从屋檐下端出了杀凳，三叔左右看看摆在离灶头两三米远的地方。这个杀凳是专门用于杀猪的，宽宽厚厚非常牢实。烧完了手里的香烟，三叔才大手一挥：撵猪。所有的人放下手中的活，直奔猪圈。圈门一开，猪儿们乱窜，趁机赶出了要上刑的肥猪。表叔不急不慢用条子，拍打着猪的屁股撵到杀凳旁。三叔使了一个眼

丰富的菜肴

色,大家迅速抓尾巴,按屁股,提后腿,扳前腿,几个人都是老手配合默契,干净利落把猪按倒在杀凳上。表婶立马递来事先准备好的接血盆,里面撒了一把盐巴。三叔操起两尺长的杀猪刀,直奔猪的喉咙,鲜红的血哗地喷出,喷在血盆里面。那猪真是死命挣扎,把按后腿的二毛子翘了一筋斗,跌在了泥水里,一身都湿了,猪杀死后二毛子赶紧喝了半碗苞谷酒压惊,不停骂:这个瘟猪,让老子吃了一个憨亏。

三叔用杀猪刀在血盆里划了两圈,然后在猪嘴上擦尽刀上的血,念念有词后,才让三婶端走了血盆。表叔拿来一刀纸钱,在猪的血口处蘸点血,就到堂屋神龛前点燃插上香烛,说一些感谢祖宗保佑祝福的念词,从口袋里拿出红包,每人发一个,"见红有喜"讨个口彩求个吉祥,多寡随主家意了。

接下来,捋起袖子开始烫猪、刮猪毛,不必细说。套好钩链把打整干净的猪挂起,准备开肠破肚。三叔用开边刀把猪剖开,就像一个高明的魔术师不停地从猪肚子里掏出宝物,心肝脾肺肾、猪肚、大肠、小肠都湿漉漉冒着热气牵连不断被拽出。其他人立马把活儿派开,翻猪大肠、通小肠、理板油没有谁空着。砍下猪头后,三叔根据主家的要求砍下大小不一的肉块。猪屁股是头刀肉,有尾巴的叫硬边,没有尾巴的叫软边,有一个专门称呼叫坐墩肉,此处是最嫩油水最多炒回锅肉最好的地方。接下来是二刀肉,有二指宽薄薄砍下,瘦肉多造型好,在农村一般是走礼行送人的。

表婶带着几个农村妇女早就等待多时,把新鲜肉接进屋,立马趁热上盐腌制,其他的肉送进厨房准备早饭。准备杀猪饭一般是妇女们的拿手好戏,隔壁左右的妇女都会自发过来帮忙,这已是约定俗成的事。淘米蒸饭的,推豆花的,烧肉洗肉的,切菜备料的各尽其责不用安排,有条不紊。

杀年猪、吃杀猪饭,是盐津农村沿袭至今的传统风俗。人们互相帮助,活计干得热火朝天。吃年猪的好寓意,和人们吃

刨汤饭时的快活劲，势必会让来年一整年都喜气洋洋。现在城市里的人对杀猪饭的热爱也丝毫不低于住在乡下的人，每到冬至前后，很多城里人都纷纷赶往乡下老家，约上亲朋好友一起吃一顿杀猪饭。表叔的老二和老幺就各自邀约了十余个人乘车赶到，院坝里顿时热闹起来。

从邻居家借来桌椅，就在坝子里摆上七八桌。大人小孩围着桌子玩麻将、纸牌、聊天、喝酒不亦乐乎，就等上菜吃饭。该请的亲朋好友左邻右舍客客气气请到，长辈老人坐上座，就该上菜了。首先端上的是一大品碗回锅肉。肉是用柴火炒出，呈灯盏窝状，配青幽幽的蒜苗，香气四溢，绝对远超城市餐馆的味道。就连平时缩食减肥的美女都吃得嘴角流油，赞叹连连：木叶水养出的猪味道就是好。接下来嫩嫩的炒猪肝，脆脆的炒猪肚，萝卜炖心肺，炒洋芋，豆花子，炒莲花白，酥花生米，特色美味不断端出，眼睛都应接不暇。

最后上的是头刀菜——血旺煮青菜。新鲜的猪血凝冻后，用刀切块，锅内倒油烧七八分热，倒入泡生姜干辣椒，少许盐烧沸，将猪血放入烧开再放青菜入锅煮约5分钟，再将醋、味精、苕粉调成的汁倒入搅匀，加葱起锅即成。农村的媳妇都是做这道菜的高手，味道绝美壮阳御寒而且胃口大开。这是吃杀猪饭味道最美的一道菜。

满桌的杀猪饭菜，散发着诱人的醇香。大碗喝着醇香的苞谷酒，大口嚼着喷香的土猪肉，痛痛快快地分享着丰收的喜悦，乡情亲情比酒醉人。我想：所谓幸福，就是大家回家吃饭，平平安安吧。

表叔今天特别高兴，有这么多人来吃饭，觉得有脸面，到处敬酒，叮嘱吃好喝好。表叔最大的心愿就是希望幺儿明年带一个儿媳妇回来，到时候一定杀三头猪。表叔喝醉了，醉在自己亲手策划的家庭盛宴里，醉在全家一年的平安幸福里。

❶ 米豆酸菜汤
❷ 腊猪脚

庙坝苞谷酒

苞谷酒：从土地上长出的岁月深情

在我看来，喝庙坝苞谷酒是需要意境的。

中秋过后，秋风一吹，庄稼大片大片地成熟，饱满而热情。大粒大粒的苞谷从梗芯上剥下，金灿灿地被表叔捧起，把嘴里的叶子烟杆取下，磕了磕烟灰，看看蓝色的天空才说：这个苞谷，煮酒安逸啊。

表叔不用自己煮酒，用麻袋装好玉米，送到附近的酒厂就可以换50度以上的好酒。这些酒厂就建在白水江边，主要以玉米、高粱等粮谷为主要原料，经蒸煮、糖化、发酵、蒸馏、陈酿而制成，它清纯明亮，名扬四方，浓香醇厚，回味悠长。当地人把苞谷酒酿得好视为莫大的荣誉，更有人把庙坝最好的苞谷酒誉为"盐津的五粮液"。但凡婚丧嫁娶、探亲访友都用一杯庙坝白酒宴请宾客，用一壶好酒作为馈赠礼品。

一年的庄稼都收藏入库后，离过年就不远了。三儿在浙江打工，幺女在昆明读大学，到时候都要回来，没有白酒，年

过得就不舒坦。表叔打算用苞谷换一两百斤白酒存着，过一个快乐年。再说酒是陈的香，放上一年半载的酒口感才纯，才算是真正的好酒。说到酒，表叔喉咙就发痒了，毕竟一天没有喝酒了。从墙角的土坛里倒出半碗来。深深抿了一口，放了两年的苞谷酒就是醇和，甜丝丝的，安逸。

一年的辛苦换得沉甸甸的收获，是该犒劳一下自己了。

"一人不喝酒，两人不打牌。"表叔叫来对门二叔和几个老哥，就在火塘边喝开了。表婶端上了去年的老腊肉、香肠，红通通的，吃得嘴角流油，另煮了一大盆白水菜配着。刚开始喝酒是"转转会"，就是大家一起喝一碗酒，转着喝，顺便摆龙门阵。这样喝有讲究，喝酒要凭良心，弄虚作假会被人瞧不起，喝完以后用手掌轻轻擦一下碗沿，双手递给下家，以示干净和尊重。

酒醉话遭殃，二叔说表叔家今年猪养得肥，几个人费了好大的力才把猪逮出猪圈，按上杀凳，还把二毛子翘了一筋斗，满身都是泥巴。表叔说不算啥子，刘家杀了三头猪，接了个儿媳妇，幺儿在昆明找钱得很，这家人要干事。干事是本地方言要发达的意思，表叔说到这里满脸羡慕。张家长李家短，把酒话桑麻，欢笑连连。

"有朋自远方来，不亦乐乎。"如果有远方的朋友来了，喝酒就是另一种情形。首先是敬酒，"有理无理先从主起"，主人家敬酒是一定要喝的，然后是三公四叔五老表幺兄弟相互敬酒挨着来。酒过三巡就需要划拳助兴了。酒量大的自告奋勇当庄，每人六拳一个不落，轮完后很潇洒坐下，三个指头拎起筷子在桌沿上敲一下筷头，佯装淡定自言自语说："沾点盐都。"意思是吃点肉压压酒性，其实就是想显摆内心的得意罢了。

喝酒最精彩的是干南北派。用"干"字来形容是因为这种喝酒形式极富有激情。按桌上人均分成两组，划拳喝

酿制白酒

酒。划拳手形和数字变幻莫测,口令和心算必须眼疾手快,动作表情声音亢奋激越火药味十足。如果一个人扫通了所有人叫红太阳,必须加倍喝酒。赢方掌声雷动,踢脚踏板,故作淡定,吩咐:喝茶喝茶;输方唉声叹气,感叹时运不济,拼命痛苦做剁手状,端起酒杯痛不欲生,急催:喝酒喝酒。赢方会用很多动词来激励斗志,如:干,整,甩,搞等,还有"宁舍一顿饭,不舍一碗酒""甩碗庙坝酒,鬼神也要抖三抖""要整酒整白酒,三碗下去手不抖""感情深,一口闷""屁股一抬,喝了又来""庙坝白酒只打脚,不打头"等民间方言来调侃。不得不感叹喝酒人情商之高,酒文化博大精深,也足见盐津人热情、

好客与豪爽。

　　记得初去庙坝乡下工作，最头痛的就是喝酒。"酒乡不喝酒，别在庙坝走"，为了开展工作只好随俗，黄岗老兄现教我一首兄弟拳酒令："幺幺一把刀，两弟兄好，桃园三结义，四季大发财，五经魁首，六六大顺，七仙姑配你，八仙过海，九进九出，实在舒服。"也许是年轻气盛悟性好，我、老黄、胡洪三兄弟竟然可以纵横村里，应对了二十余人车轮战法最终全身而退，实乃平生喝酒最自豪事。回家后大醉三天，吃什么吐什么，水米不进，醉酒的滋味真的不好受。不过用酒杯浇筑的兄弟情像酒一样醇，转眼二十年了，碰见久别的胡洪兄弟，二话不说整一杯再说，临走再送上一壶苞谷酒。

　　偶尔翻阅故纸，才发现庙坝白酒是有历史底蕴的，《僰史》里载：僰王善酿酒，以果、米、香草等物置坛窖藏之，数日，浓香扑鼻，饮之必醉，醉而能飞，族人神之。宿陡崖，夜坠而亡。族人悲之甚恐，葬王于陡崖，称所酿物为僰王酒。王酒性烈，避瘴气，僰人视之为乃通天之物也，于白水畔筑

庙坝全景

神庙，四时祀之。方秘置于庙，四长老共守之，择吉日，巫师以口耳相传于储君，旁人莫得观之也。这个故事流传于白水江畔庙坝地区，既包含了先人们对酒的崇拜，对自然的敬畏，也足见盐津酿酒历史源远流长。一杯浅浅苞谷酒，原来早就醇厚如岁月般绵远，土地般厚重。

　　已经习惯于在异地街头看到"正宗庙坝苞谷酒"的招牌，偶尔也会品尝一小杯，倒不是分辨酒的真伪，只是怀念一段有酒相伴的日子。苏东坡有一诗句言之真切，酒喝到兴时，当有"身心颠倒不自知，更识人间有真味"的情境。回味着苏子的"人间真味"，眼前浮现出表叔喝酒的姿势：喝一口上好的苞谷酒，吃一块腌制的老腊肉，一年的疲劳一扫而空，留下的只有团聚的喜悦和对幸福的期盼。从土地上长出的岁月深情，必然带有故乡泥土的气息，白酒的味道，是浓烈的乡愁，是浓厚的乡情，是乡人们用苞谷酒营造出的丰收意境，刻骨铭心地亲。

佳肴：舌尖上的羁绊

> 故乡的食物隐藏着故乡的灵魂，朴素、平实。一抬头，它就在屋檐下、小径旁、山野里，就在母亲的灶台上、儿时的粗碗里、斑白的鬓发上。对故乡美食越发眷恋，故乡的滋味越发在舌尖上羁绊。

天赐珍禽：千年乌鸡与唇齿间的邂逅

到了盐津，不吃乌骨鸡，肯定对不起充满欲望的肠胃。

现在的都市人都爱吃原生态的土鸡，云南的土鸡一直被食客称为"吃土鸡的最高境界"。2017年农业农村部发布了159个国家级畜禽遗传资源保护品种，其中云南有9个资源列入国家畜禽遗传资源保护名录。昭通盐津县乌骨鸡、楚雄武定鸡、红河屏边县大围山微型鸡、普洱沅镇瓢鸡、大理无量山乌骨鸡、德宏州潞西市茶花鸡并称云南六大名鸡，盐津乌骨鸡综合评价高居榜首。

盐津乌骨鸡，因产于盐津而得名。据载起源于东汉时期，距今有一千七百多年的历史，属于肉蛋兼用型鸡。汤清味香，肉质细嫩，风味独特，营养丰富，聚美味、药用于一体故被称之为"乌蒙珍禽"。对于资深食客而言，对美食的向往往往是命里所带，趋之若鹜。到了盐津，指名道姓非吃乌骨鸡不可，当然名正言顺了。

"无鸡不成席。"盐津人历来视乌骨鸡为上好食材，特别爱吃，

① 蒸菜乌鸡
② 原生态散养乌骨鸡

也特别会做。盐津馆子很多，家家馆子变着法子烹调，清炖乌骨鸡、椒麻乌鸡、红焖乌骨鸡、白斩乌骨鸡、天麻乌骨鸡、虫草乌骨鸡、竹笋乌骨鸡、气锅乌骨鸡、叫花子乌骨鸡、洋芋乌骨鸡、柴火乌骨鸡，花样翻新，层出不穷，大快朵颐之后，食客们往往还要买上几只乌骨鸡带走，想带回去与家人一块分享。不过，离开了盐津厨师的烹制，离开了盐津的天然矿泉水，味道往往逊色了许多。

盐津乌骨鸡最好清炖。俗语说："唱戏的腔，做菜的汤。"盐津炖菜讲究火候，喜用砂锅炭火慢慢煨，用文火，细细炖来不见热气，是需要几个小时的。乌骨鸡肉质香嫩味美，历来有"香肉"之美誉，每逢吃鸡汤必净，可谓人间一佳肴。加天麻就是天麻乌鸡，加三七就是三七乌鸡，加虫草就是虫草乌鸡，极具包容性。砂锅炖的乌鸡，汤清如水，不见油腻，但那汤香味袅袅，弥久而不散，深入肺腑，透入骨髓，鸡肉一抿就掉，

入口不用细嚼，溶溶化入口中，肥嫩香糯，腴齿生香。

好菜不怕等，等待有时就是养性。盛一碗鸡汤，加一小勺三七粉，放一小撮香菜，色泽鲜亮，肉质细腻，汤味十分鲜香。心急不能喝鸡汤，看似没有冒气实则完全可以烫熟你的舌头。先看一眼青山隐隐水迢迢，碧水一湾清波荡，稍安勿躁可以息心，慢慢小嘬一口，立马舒展了眉头，忘掉了压抑。最好就一杯苞谷酒，喝多喝少随意，烈性与细腻交织，无拘无束；笑话与牢骚同倾，满座皆春。借一碗鸡汤饱了口福，暖了心怀。或者就选择沉默就像品茶，慢慢

① 天麻乌鸡
② 白砍鸡
③ 麻辣鸡片

清蒸乌骨鸡

喝,喝一碗鸡汤,什么也不说。

据说昭通作家夏天敏先生到了盐津,招待他的就是天麻乌鸡汤,美味鸡汤让先生念念不忘,在小说《两个女人的古镇》中就把盐津乌骨鸡的功效说得神乎其神,叹为观止。先生的描写是有依据的。盐津乌骨鸡以乌皮、乌肉、乌骨、乌脏及羽毛均呈乌黑色、部分鸡还具有凤头、孔雀形尾羽、飞毛腿脚等为显著特征,俗称全黑乌鸡。具有较好的滋补、药用价值,被历代医家视为补虚劳之圣药;对妇女月经不调、血虚头晕、固宫安胎、产后体虚有良效;对男子体弱肾虚、恢复身体亦有效果。现代医学已表明,乌鸡还有延年益寿、润肤美容之功效,享有"食为肉之首,药为肉之冠"的美誉。

盐津乌骨鸡基本都是散养,房前檐后,沟边坎上,坡上林里,到处都是。各家的鸡脚杆上都拴着各色布条,傍晚打开圈门鸡各返其家,不会走错。省兽医研究所许文珍副教授说:"盐津就是一个原始的养鸡场。"

"垒起七星灶,铜壶煮三江,摆开八仙桌,招待十六方。"盐津人好客,守着天赐千年的鲜香乌骨鸡,我愿意在盐津等你,邂逅一段唇齿之间美妙的时光。

白水青菜

清白滋味：白水菜与柴豆花

记得小的时候，会在父母的带领下，到乡下的亲戚家去认认亲、串串门。看到我们远道而来，热情好客的表婶脸上笑开了花，手忙脚勤地为我们端上一盆清澈的山泉水，让我们洗手擦脸。从锑茶壶里倒出凉好的苦丁茶，大大的一杯甜丝丝地直沁心脾。这种苦丁茶就栽种在宅院周围，需要时只需砍来宰成三四厘米的小节用滚水焯一下晒干备用，烧开水时抓一把放入开水中，凉好，就是农村最好的解暑茶饮料。有经验的人买苦丁茶一定是要带老杆杆的苦丁茶，泡出的茶汤色绿中透黄，清澈明亮，滋味鲜爽，沁人心脾，香气逼人，常饮可强身健体，益寿延年，故被誉为"长寿茶""美容茶"，是理想的纯天然植物多功能保健佳品。

茶没有喝几口，婶娘扯开喉咙喊："大娃儿，快去办些菜来。"和我一般大小的小老表光着脚板、抄起竹背篼，冲我做了一个调皮的鬼脸，飞快窜出大门。不多久，粘着满身的泥巴回来了，竹篓里泥鳅、黄鳝、稻田鱼应有尽有。表婶从自家院子里摘来鲜嫩的瓜果蔬菜，几刀劈开煮上，饭菜好后一一端上桌，满屋子香气飘荡。我就是在那时学会了通黄鳝，捉泥鳅。和小老表一起把捉来的黄鳝泥鳅稻田鱼剖了，撒上薄盐在柴火里烤来吃，那种滋味是现在的小孩

无法体会的，至今让人念念不忘。

盐津人最喜欢吃的是白水菜。吃饭时端上桌的第一道菜一定是白水菜，没有这道菜吃什么都没有味道，一般放在餐桌中间。白水菜做法其实非常简单，把不沾一点油星的水烧开，选用本地的四时新鲜瓜蔬切块煮熟，连汤一起盛出既可。汤色碧绿清澈，菜味清爽为佳。吃白水菜讲究的人还特别强调做菜时不沾铁器，烧水不用铁锅，切菜不用菜刀，因为沾铁味就带腥了。于是煮菜时常出现这样一幕：男人们挥动拳头裂瓜碎蔬，泰山压顶嘭嘭有声，碎瓜乱飞的场景，甚是壮观。都说盐津出美女"两步一个林青霞，三步一个张曼玉"，虽有点夸张，但盐津的美女至少在昭通是公认的，身材窈窕泼辣，皮肤娇嫩可人，谁能否认和这碧绿清爽的白水菜没有关系？"三天不吃白水菜，面糙皮厚肠古怪"盐津人对这道菜情有独钟，周边县市

石磨豆花

的人不会吃也不会做这道菜，吃白水菜是盐津有地域特色的菜。

记得去年去九寨沟旅游，离家才一周，就无限思念白水菜，费尽口舌教会了餐馆老板娘煮菜的方法。当菜端上后，魂牵梦萦的白水菜让我目瞪口呆，也忍俊不禁：切碎的白菜整整齐齐码在漂亮的盘子里，上面还卧着一个黄嫩的鸡蛋饼。白水菜没有绿油油的汤汁还是白水菜吗？老板娘是把淡菜当成蛋菜了。看着满脸无辜的老板娘，怎么好再责备呢。

盐津的当家菜必属柴豆花。有贵客来临或者呼朋引伴去乡下做客，主人殷勤招呼"走，一起推豆花子吃去"，热情好客暂且不说，一起去吃豆花俨然是一件骄傲的事。在乡下"吃豆花，吃腊肉，吃面面饭"，这是贵客临门标配菜肴。农村推豆花一定用石磨反复研磨，豆子浆汁才细腻，点出豆腐才多。用柴火烧豆浆极有讲究，浆倒入大铁锅后，一路猛火烧开，然后退柴点浆，点好后再微火烧开，火候的把握可谓精到，需要老烧火匠才能驾驭。

盐津豆花好吃是因为用胆水点制。用石膏点豆花太嫩，筷子几乎夹不上来，口感也要差许多，这是盐津豆花与外地豆花的一大区别。喜欢母亲点胆水的姿势，像高明的太极拳师，话不多，动作淡定舒畅不紧不慢。胆水要加清水稀释一下，之后倒在锅铲里，将锅铲里的胆水慢慢地游走整个豆浆锅，这个时候就可以看到豆浆锅里有豆花出现了，继续慢放胆水，用筲箕轻轻摁压后，用菜刀切块就可以食用了，豆花水我们通常称为糕水。母亲一边点一边说"胆水放多了，豆花会老，糕水就苦涩了不好吃，放少了，又太嫩，糕水是浑的"。把握这个量不容易，母亲的轻描淡写却是几十年点豆花的心得。

母亲还会做一道盐津名菜：黄姜豆花。黄姜又叫野洋姜，一般长在沟边地角，橙黄色，常用于吃豆花、炖鸡、红烧排骨。能提味增香改善食欲，民间有"饭不香，吃黄姜"之说。白水豆花做好后，把黄姜磨成汁水，经过滤后直接加入白水豆花中，再用微火烧开即可。食用时将调好的蘸水蘸着吃或直接食用。味道清香可口，

花生豆花

开胃消食,养生美颜。

说完了豆花,来说一说豆花饭的另一个灵魂——蘸水。就是因为蘸水的存在,白豆花才有了化身下饭菜的可能。这里引用中华食文化研究会会长唐沙波先生在《美馔如花·豆花》一文中的词句,大家可以感受一下豆花配蘸水入口后的感觉——"奇迹便发生了。舌尖的味蕾如久旱的田野突降甘霖,尽情地吸吮着这其貌不扬的豆花所带来的酣畅淋漓。首先是辣!有红油的香辣,青椒的鲜辣,糍粑海椒的煳辣,蒜泥的辛辣,姜汁的刚辣,以及山胡椒的奇辣。然后是香,麻油的醇香,花生的脂香,芝麻的馥香,八角的浓香,花椒的麻香,小葱的清香,侧耳根的异香,还有豆花与生俱来的豆香。最后是鲜,豆花的乳鲜,各式调料从田野里、山林间带来的新鲜,若是讲究的,还在调料中加入几粒炒香的肉末,以及一勺浓浓酽酽的鸡汤,你说鲜不鲜呢?"

唐沙波说的是荤蘸水,简直说绝了,盐津人吃的时候喜欢加上鱼香葱末,味道才更好。盐津还有一种蘸水,叫作素椒蘸水,要用本地产的小米辣。这种辣子个小,却生来辣得通透凶猛,一般选三四个剁碎就行,多了会受不了。红辣椒、嫩姜、

生蒜剁碎把小米辣拌入,加盐、花椒面、葱末、味精就好。蘸水辣味十足,清新鲜嫩,无与伦比,若与热腾腾的豆花混吃,一定辣出一头一脸的热汗,全身那叫一个爽快啊!我母亲做素蘸水更有特色,喜欢加木香子。木香子又叫山胡椒,是一种乔木的花或者刚结的嫩果,碾碎加入蘸水,味道异香浓郁,让人胃口大开。这个蘸水只有在乡下才能吃到,是吃连渣捞、奶奶菜、白水菜绝佳的蘸料。

吃豆花很讲究环境和心境。有热情好客的主人劝呼,豆花一盆盆端上,配上喷香油润的老腊肉、黄灿灿泡酥酥的面面饭,高朋满座欢声笑语,豆花的味道才出得来,吃了心里才能舒服安逸,所以说吃豆花是盐津最显热情的菜了。

真正刁嘴的食客吃完豆花后,还会惦记一道菜——豆腐锅巴。豆腐吃完后,舀干糕水,锅下加一点微火,沿着锅边铲下锅巴,直接用手撮着吃,焦黄香脆,别有风味。

现在进城了,想吃豆花就在老街豆花店舀一碗,倒也方便,只是味道好像和老家的柴豆花差得远,母亲也老了,点不出喜欢吃的柴豆花了。

山肴野蔌:侧耳根与九香虫

盐津人口味很刁,喜欢吃山肴野蔌,喜欢享受食材原始本真的味道,比如吃侧耳根、龙爪菜等就是如此。

侧耳根又称鱼腥草,据传越国勾践卧薪尝胆时,就是靠着这小小的野

黄姜豆花

菜渡过了难关。有几十种别致不同的名字：侧耳根、狗心草、狗点耳、紫蕺菜、臭灵丹、鱼腥草等等。当然，鱼腥草是最恰当不过的，因为它的味道独特，辛辣、寒凉，带有淡淡的鱼腥味，但盐津人就喜欢叫它侧耳根。大概是择取鱼腥草嫩茎时爽脆有声，习惯称之为"侧耳根"，而鱼腥草这个名称越来越被人们淡忘，久而久之，人们就只知道侧耳根，却不知道鱼腥草为何物了。

鱼腥草的名字最早是收集在秦汉时期的《名医别录》里，它不仅是一种野菜，还具有清热解毒、消肿疗疮、健胃消食等很多种显著的药用功效。记得小时候，有一次我的腿上长出了一些红肿疮，母亲把侧耳根的茎叶捣碎后给我敷上，几次就完全好了，我才知道侧耳根不但味美佐饭，还可以用来治疗让我痛苦万分的红疮。后来我每天放学后总要去山野田坎挖侧耳

凉拌侧耳根

根，洗净晒干当中药卖给供销社，赚取学费或者零花钱，侧耳根从此深深地刻在童年的记忆里了。近年来由于受"回归大自然""药食同源"之风的影响，侧耳根成为盐津餐桌上保留菜肴。

盐津最普遍的两种侧耳根吃法就是"凉拌侧耳根"和"侧耳根炒腊肉"。"凉拌侧耳根"是将其连同嫩芽掐成长约一寸的段，先清洗干净泥土，去掉环节上的根须，入盐味后，再放入辣子、大蒜、生姜、酱油、酸醋、辣椒、花椒、味精、香葱等，最后放芫荽。少了一样调料都觉得口感不佳。这样制作的侧耳根味鲜爽口、脆嫩，富有特殊的芳香，细细咀嚼，越嚼越香，会使人食欲大增，是一种别具情趣的享受。

制作这道菜时，还要加一种特别的菜——冲菜。冲菜就是把青菜嫩薹在开水里焯一下，立马放到容器里捂好，食用时把菜薹剖开两半，切寸长，拌入侧耳根中加调料就好。吃这道菜要先深呼吸，把菜夹入口中慢嚼，舌尖上立马麻辣酸爽，百味杂陈，直冲脑门，头皮激灵，泪流满面，冲菜名由此而来。表情痛苦，内心酸爽，食客欲罢不能。盐津食客评价：侧耳根加冲菜，冲的就是这个味。

"侧耳根炒腊肉"那又是另外一番风味。就是将侧耳根和腊肉配以蒜叶、香葱炒熟食用。这道菜中侧耳根冲鼻的鱼腥气与腊肉的香味形成了奇特的混合，一为冷香，一为暖香，又浑然一体，相得益彰，其味无穷，缭绕不去，任人低徊。这两道菜现在仍是家乡宴席上每席必备的家常菜。

记得好久没有回家了，母亲从屋后田坎上挖来想吃的侧耳根。拿根竹签，穿上一串干辣椒，在地炉子边烘烤。辣椒慢慢变黑变脆，浓烈的香味弥漫在空气中，有点呛人。母亲烧好辣子在手心中搓成末，倒进备好的侧耳根碗里，和两匙豆油，再浇点麻油，撒点香葱、大蒜、生姜、香菜等。我本已饥肠辘辘，闻到这香味，腮腺顿时发紧，两腮一阵酸痛，唾液如泉水般涌出来。那天的侧耳根，拌得特别辣，吃得唏唏吹气，红光满面。好像在疲软的生命里，注入了故乡特有的令人神清气爽的神奇元素，获得足够的力量再去远行。当时我特别奇怪，看似最普通的糊辣椒拌侧耳根，竟然是离家的孩子最想吃的东西。后来渐渐明白，在外漂泊的游子们，总会在特定的时候思念故乡的一切，尤其是吃的东西。多年以后的现在，母亲和侧耳根都是心里抹不去的忧伤，这就是乡愁的滋味吧。

吃盐津的菜有时需要足够的勇气。比如食用蜂蛹、蚕蛹、蚂蚱、青冈虫、苞谷虫等，一般用油炸成金黄，脚脚爪爪大盘端上，胆小的人惊悚万分，打死不敢动箸。盐津人却有惊人的淡定，老人、小孩、美女食之如常，如有人请你吃九香虫，那是把你当作贵客了。

九香虫，是一种会飞的青黑色甲壳虫，指甲般大小，状如水龟。春夏季节，爬在农作物的茎叶上吸食浆液，不留心碰上它，便放出一种奇臭难闻的气体，使人避而远之，因而落个"屁巴虫"或"打屁虫"的臭名。屁巴虫含有九香虫油，一经炒熟之后，即是一种香美可口、祛病延年的药用美食。因此，它又赢得了"九香虫"的美称。

在盐津河谷，到处堆满洪水冲来的卵石，滚光溜圆，如盆，如拳，如豆，密密麻麻、重重叠叠。九香虫喜欢潮湿透气，卵石间不夹泥沙，那便是九香虫密集的地方。每当秋风瑟瑟，大雁南飞的时候，九香虫就成群结队地蛰伏在江边卵石下越冬。这时就是采集九香虫的最佳时期，过了来年惊蛰，九香虫便飞走了！

九香虫不仅清香可口，在席上席下百吃不厌，而且有提神补气，潮热升温，滋阴壮阳的药效。在民间有"有钱人吃鹿茸，无钱人吃打屁虫"的戏说。九香虫是盐津长盛不衰、高朋贵友席间偏爱的佳品上菜。据《本草纲目》和《中药大辞典》载：九香虫对于神经性胃病，精神忧郁而致的心口痛，脾肾阳虚的腰膝酸软乏力、阳痿、遗尿等症有显著疗效。所以李时珍说它：咸温无毒，理气止痛，温中壮阳，"久服益人"，"土

人多取之，以充人事"。

节日假期，呼朋唤友，带个塑料瓶，去到关河边卵石堆积的地方，用手掀开卵石，下面就是一窝胡豆似的九香虫。太阳一照，有的要飞，有的想逃。这边呼喊："快来！"那边喊叫"快逮！"抓住九香虫放进瓶里。奔跑笑闹，一个上午，可逮一斤半斤。逮九香虫那份愉悦劲

九香虫

儿，绝不亚于垂钓之乐！

九香虫制作成食品的工艺十分考究，先将活虫放入温水中，使其在水中飞扑翻打，放尽屁尿，然后洗净脱水后，放入微火上的锅中慢慢炒干，除去腿脚后再放入锅内植物油中，加上各类麻辣作料，炒香即可食用；九香虫除食肉外，还可用来泡酒喝。需要泡酒，就要带酒到河边，捉着虫就放入酒中，使其屁尿渗入酒内，饮用口感和药用效果最好。

辣的境界：有一种辣叫盐津的辣

我在网上看过一篇写盐津的文章，可以说写出了盐津人吃辣的精妙，其中有一段是这样写的："盐津的辣，绝对是师出有名。据说，地球上有一个奇妙的'辣带'，我国的云、贵、川、湘、赣的大部地区恰巧分布在北半球这一特殊的'辣带'里。"盐津的菜真的不负这个辣字，辣子乌鸡、椒麻鸡、辣石巴子、麻辣排骨、麻辣豆腐、酸辣白菜，太多辣菜一听就是辣味十足。

食客们说，有一种辣叫盐津的辣，让人惊魂动魄，爱而不舍。

最具代表性的是吃三堂菌。三堂菌又名鸡㙡，菌肉厚肥硕，质细丝白，味道鲜甜香脆。吃法很多，无论炒、炸、腌、煎、拌、烩、烤、焖、清蒸或做汤，其滋味都很鲜，为菌中之冠。但盐津三堂菌无论从香味，口感都远比其他地方要好，在盐津是珍贵食材，一公斤大概要300元。盐津人烹制三堂菌最传统做法是清蒸，认为清蒸才能最大限度保证三堂菌的鲜美。新鲜三堂菌洗好后，放在小菜盆里，用新鲜红辣椒（最好是盐津本地特产辣味足的七钻椒）剁碎一大碗，均匀铺

清蒸三堂菌

在三堂菌上面；大蒜，仔姜剁碎一碗，铺在碎红椒上，另加一把新鲜的花椒，最后放上一大勺猪油，就可以上锅蒸。上锅蒸时不用放盐，大火烧开以后转中火，蒸15分钟左右，将三堂菌与调料搅拌匀，此时，可以根据个人口味放少许盐，然后再蒸至熟透即可。整个过程不用添加其他任何调味料，尤其是味精，三堂菌本身的鲜味就已经足够啦。

　　一大盆三堂菌上桌绝对是视觉上的辣暴力。三堂菌都躲在如山的红辣椒下面，鲜红欲滴，红白相间，浓烈的香辣味直冲鼻腔，让人不敢动箸。小心翼翼夹上一块，入口即"哧溜"一声，鲜辣的滋味一下在口里炸开，直冲鼻腔，颤抖了舌头，攻陷了味蕾。太辣、太烫、太麻，口，不能合上，又舍不得吐掉，只好双唇撮着，手忙脚乱支支吾吾乱吼：辣辣辣，或者是：水水水。递水递纸，水到口边却不忍喝下，这满嘴的鲜辣怎么舍得用茶水冲淡。赶紧大大刨一

❶ 鸡蛋炒腊肉
❷ 香酥排骨

口饭，用饭压住这欲罢不能的辣，欲罢不能的鲜。

视觉上的摧残，味觉上的狂欢，怎一个爽字了得。已经有了吃的经验，再夹一块三堂菌，这回慢慢入口，绝美的鲜辣，直逼咽喉，吃得爽口、开胃、开心，全身舒坦额头冒汗，都说太辣不敢吃了。最后，你的手还是禁不住欢喜地去伸出筷子，再吃一口三堂菌。既嫩又鲜，既辣又麻，回味悠长，食欲大开，让人欲罢不能。这就是盐津清蒸三堂菌。

食客说"一口鸡枞，十年相思"说的就是这种境界吧。

盐津人吃辣是有点名气的，煮鱼烧虾熬泥鳅自然少不了辣椒，炒家常小菜如白菜烧土豆丝也要放一两个干辣椒，有的人，就是早上吃一碗羊肉米线也要放红油辣子，放干辣椒，放泡小米辣，吃生大蒜瓣。有时候出差在外，一上桌子，盐津人也会大声高喊："服务员，再给我加一点海椒。"

讲到这里，我想起了一个很有趣的现象。许多人都知道盐津人爱吃辣，盐津菜偏辣。盐津人也经常会和客人开玩笑说："盐津的厨师煮菜，如果不放辣椒，那就烧不出味道来了。"所以，会吃辣的客人来到盐津，吃的是津津有味；而那些不会吃辣的客人来到盐津，盐津人一定会交代厨师尽量不放辣椒或少放辣椒。但是，有意思的是，若干不会吃辣的客人却说，不用、不用，到盐津不吃辣，那就有虚此行了。更有意思的是，不会吃辣的他们，却一定要点上"酸辣鸭丝面""辣麻乌鸡"，尽管吃得直嘘粗气，吃得满头大汗，但却都一一竖起大拇指，连连称赞——好、好吃，好吃。

食客们说：吃盐津菜最高境界就是——不怕辣。

小吃：在时光深处静静仰望

> 对于游子来说，带有家乡符号的食物味道，通过岁月的沉淀与发酵，已经幻化为乡愁的一部分。择几种小吃摆摆故乡的味道，在时光深处静静仰望，这就是乡愁。

石门三粑：有一种美食叫乡愁

豆沙关又称石门关，是一座独具魅力的小镇。

豆沙有个美食节，美味佳肴随便吃。看看一个个摊位前，站着的坐着的弯着腰杆的斜着身子的各种吃相竞相呈现。食客们从一个摊子吃到另一个摊子，吃了"陈嬢嬢"的三角粑，又吃"宋记嘉禾"豆腐干；吃了"祝氏老字号黄粑"，又吃"李氏糍粑"；还有"陈氏烤鱼""刘三姐猪油泡粑""牟氏水粉""古道臭豆腐""林乔粑""石屏包浆豆腐""何氏凉糕"，特色清蒸串串……吃不了几样，肚子也撑了。食客们大都把早饭午饭都以"小吃"来"大吃"了，吃得津津有味，吃得满嘴油腻，吃得肚子鼓圆。吃撑了一拨又来了另一拨，丝丝细雨恰好多了一点情趣，增长了不少吃欲。

最热销的是石门三粑：猪儿粑、黄粑、桐子叶粑。这三粑其实不只是豆沙的特产，其他各乡镇都有，做法差不多。大概是因为豆沙关自身的文化底蕴加上旅游活动的发展，石门三粑才逐渐叫响，

成为地方小吃的名片。其实食客喜欢吃美食的同时，更在乎食物所传递的情感，比如亲情，比如友情。石门三粑成了故乡的信物，大包小包被游客拎着，上车，带走了。

看着这些原本再普通不过的小吃，被归来的游子抢购一空，回望门可罗雀的烧烤、煎包店，悟出一个道理——有一种美食叫乡愁。远在昆明的二爹八十多岁，腿脚已经不灵便了，打电话来说，想吃老家的小吃，询问街当头的陈麻糖还在不，想吃他做的猪儿粑。二爹对故乡的思念最后竟然浓缩成一个小小的粑

❶ 烙粑粑

❷ 糍粑

粑，不由叹息。

其实这种情形是游子的通病，在外漂泊久了，记忆中的故乡除了一个个具体的地名，其他的估计和二爹一样了，只能想起拱桥旁边的张五姨或者供销社旁边的王表叔做的猪儿粑、黄粑、桐子叶粑或者其他小吃。

这些小吃和故乡的土地血肉相连，也许必须历经酸甜苦辣的生活百味之后，才明白最温暖最贴心的还是小时候的味，时想时香。其实念的是美食，想的是亲情。

黄粑，是盐津特色小吃，据说已有数百年的历史。配方独特，用糯米和饭米按比例配料后磨成米浆，加入红糖和蜜，撒入颗粒糯米和新鲜猪板油混合，用笋壳叶、粽子叶、竹叶包裹放入甑中蒸24个小时以上。黄粑要经过手洗叶、浸泡糯米、晾干、蒸熟、打浆、熬糖、手工搅拌、再次晾干、切块、包扎、酣制等工序，每一道工序，都是全手工完成。黄粑色泽金黄、香气浓郁、味甜糍和，

❶ 泡粑
❷ 洋芋粑

食用方便，切后蒸煮、油炸、煎炒、微波加热变软后即食，是营养丰富的主副食品。用竹叶包裹的小黄粑常被餐馆、酒楼、宾馆定制，有寓庆丰年、生活安康之意，深受食客的欢喜。

猪儿粑，又名"叶儿粑"。猪儿粑分咸馅、甜馅两种。咸馅以鲜猪肉、豆腐干、榨菜、香葱、味精、精盐等为原料；甜馅以白糖或者红糖加苏麻、芝麻、边油等为原料。包馅的原料多为柑橘叶、蔬菜叶等，最讲究的是用良姜叶包裹。这种叶生长在山林中，纯野生，叶子厚。猪儿粑独特之处就是选择了这种叶子，香味正是来自良姜叶内所含的芳香油。这是盐津猪儿粑味道独特的原因所在。

刚蒸熟的猪儿粑洁白而有光泽，散发出浓郁的姜叶香味，仿佛是煮熟的小猪，故而得名。吃上一口，先尝到的是糯米的绵软清香，继而感受到馅的混合美味，咀嚼起来绵软清脆，香气四溢。难怪有很多外地朋友到盐津旅游，走时都要带一大

❶ 猪儿粑
❷ 黄粑

包,可谓既饱了眼福又饱了口福。

桐子粑,又称桐叶粑粑、泡粑,盐津有制作的习俗。将泡制好的大米磨成浆后,加入红糖、上等猪油拌匀,取新鲜老嫩适中的油桐叶包上,包的时候将桐叶尾部卷成一个漏斗状,放入原料后将头部盖上,形状一头尖一头平。最后放在蒸笼里蒸,熟后有种特殊的清香味、松软酥嫩、又糯又甜、营养丰富。

桐子树,是盐津的一种俗称,其实它的学名叫油桐树。因为那树上结的果子里面的核可以用来榨桐油,所以称作油桐树。记得童年时,桐子树在老家的山坡上随处可见。每当春风一吹,白中带红的桐子花就开了,满树一簇一簇的,虽称不上姹紫嫣红,但挂在还未长叶的树枝上,却是格外的清新朴素。每到端午或者中秋前后,我们就到山坡上,挑选那一片片宽大、光艳、细滑的桐子叶带回家。母亲总会亲自下厨包些桐子粑,给大家尝尝鲜,解解馋。桐子粑那松松软软、又糯又甜的口感,令人回味无穷。

从街上买了一些猪儿粑、黄粑、桐子叶粑,包裹好后让快递带上昆明,给二爹捎去。我没有告诉二爹陈麻糖早就死了,现在卖猪儿粑的是他的幺儿陈三元。蔡澜说:"有时,我们吃的不是食物,是一种习惯,也是一种乡愁。"想起这句话的时候,我已经穿过老街那条充满人间烟火的小巷,走在回家的路上!

津城三凉：凉糕　凉虾　冰粉

盐津县城素有"小山城"之称。夏天的盐津如同一个巨大的蒸笼，笼罩在水汽氤氲的炎热里，于是众多的具有地方性色彩的清暑食品即应运而生。传统的清热祛暑的小食品有凉糕、凉皮、凉虾、凉粉、凉面、冰粉儿，较后兴起的则有冰激凌、刨冰、冰沙、果冻布丁等各类冷饮。最有地方色彩的传统夏季食品是：凉糕、凉虾、冰粉，有"津城三凉"之誉。每当人们口干舌燥、汗流浃背之时，总爱在老街吃上一碗冰镇的凉糕、凉虾或者冰粉。

"凉糕、凉虾、冰粉哦。"最早的商贩是用扁担担起卖的，边走边喊，洪亮的声音回荡在乡巷小街里，那个"哦"字拖得长而高，余音缭绕。孩子们听到了就一窝蜂赶去买，清爽香甜的滋味吃一口就可以回味一整天，扎根童年的味道，是可以回味一辈子的。最近常从楼下经过的是一个四十多岁的妇人，推着小推车，用上了小喇叭，依然是这样吆喝："凉糕、凉虾、冰粉哦。"味道没有区别，只是少了簇拥的孩子，少了一种时光的味道。

豆沙关粑粑

也有在街边路口设置小摊的。盐津人喜自在，一桌一椅一荫下，支出一个摊子，就惹来了好聊天的乡人邻居，在烦热里带着家中娃娃，手里摇着芭蕉扇，抬个小凳，便是一处聚会，吃碗凉品，摆摆龙门阵。就这样其乐融融，做起了漫不经心的买卖，能养家糊口却也独具风情。

晶莹剔透的凉品浇上熬制的巧家红糖汁，入口顿感细嫩绵滑、香软糯甜，浓郁的米香混着红糖的甜，清爽冰凉沁人心脾，暑气顿消，十分惬意，于是凉糕、凉虾、冰粉成为盐津人大爱的消暑小吃。

这三种凉品之所以备受欢迎，原因莫过于用料考究，其选用了优质大米、巧家红糖和生石灰，纯手工制作，天然无添加。

制作凉糕先要将大米淘洗干净，浸泡一段时间后沥干，按一定比例加入清水，用石磨磨成米浆；把生石灰放入水中澄清，将石灰水加热直至沸腾；磨好的米浆倒入烧开的石灰水中，同时用木棒搅拌以防止煳锅，直到米浆煮熟，再倒入事先准备好的容器之中，待其自然冷却；然后倒入清水，用刀划为巴掌大小的四方形小块，配料一般用熬制好的红糖汁。

凉糕有凉爽、鲜嫩、爽口之特点，清热、健胃、养颜之功效，深得盐津人喜爱。无论多热的天气，只要吃碗凉糕，不仅热感全无，还

冰粉

❶凉粉
❷凉糕

让人肝脾舒畅，神思爽朗。此外，老街豆芽沟泉水点的凉糕还是一贴解酒良方呢。

凉虾的用料和凉糕相同，做法却有所不同。制作凉虾要准备一只放好清水的大桶，桶上支起漏斗，将已经煮熟的米浆（步骤和凉糕相同）舀入漏斗之中，边舀边摇晃漏斗，煮熟的米浆便从漏斗中漏入凉水桶里，看上去就像是头大尾细的虾子漂浮在水中，待降温后，就是可以食用的成品了。盐津人吃凉虾大多都会在碗里先放上半勺冰粉，晶莹剔透的冰粉配上洁白滑糯清爽柔软的凉虾，成为夏天不可替代的一道美食。

冰粉的制作看似用料、做法简单，但又十分考验制作者的技术。制作时先把冰粉籽（类似于木瓜籽）放入事先缝制好的布袋之中，淘洗两遍，根据冰粉籽的多少取适量清水于盆内，然后把装有冰粉籽的口袋放在水里揉搓，边揉搓就会看见有透明果浆溢出。揉搓之后一边将澄清的石灰水用小勺慢慢舀入盆中，一边搅动，直到看见有凝固的透明颗粒，将盆静置待其完全凝固。制作冰粉最为关键的就在这一步，能不能成功做出晶莹剔透的冰粉全看制作者对倒入石灰水多少的把握。少了，冰粉水便不会凝固；多了，吃的时候会觉得苦涩，影响口感。

上述三样清凉小吃，冰镇后口感更佳。炎炎夏日，盛一碗凉糕，淋上熬好的红糖汁，清甜凉爽，软糯绵绵，带着淡淡的米香，盐津人忘不了这味道。或许这就是游子对故乡的眷恋，是刻在脑海里永不磨灭的乡愁。

水粉春秋：老街，留我一碗酸辣粉

顺河而建的老街，南北走向，以前只有一条街，街头就是

水粉

东风大桥。也许是因为傍山临河,地理位置太过逼仄,住户人家都攒簇一起向空中发展,只留下一线天的街道,供人出行。下雨天很难走,檐水可以滴到对门的檐石上,溅湿衣服,行人不得不躲躲闪闪瑟缩前行。一米多宽的街道,只有电三轮可以侧身通过,喇叭按得疯响惹来一阵臭骂。当然这些是十余年前老街的印象,现在街道改造后略略加宽,可以通过一辆小轿车,但先天不足的窄是改变不了的。

地点窄也有好处的,随便一点人都感觉是人头攒动,辣椒、烟草、茶叶、花生、土豆、活鱼、家禽、鸡蛋、红糖,小吃摊各种采买吆喝此起彼伏,充满了人间烟火味,温馨而真实。

"老板,一碗酸辣粉,多加点海椒!"

"二姐,一碗鸡汤水粉,快点哈,饿惨了。"

这一幕,是陈二姐水粉摊常常重复的场景。水粉摊就在老街头一个通道拐角处,一张平底手推车拉着火炉炊具,火炉上煨着作料汤滋滋冒着热气,根据汤汁的不同,有素水粉、鸡汤水粉、肥肠水粉、排骨水粉、牛肉水粉、麻辣水粉。旁边条桌上一字摆开各类作料,鲜红的辣椒,翠绿的香葱,绿油油的香菜,雪白的蒜泥等,酱油、醋、味精、花椒、炒豌豆、酸萝卜等错落有致摆放。靠墙放着两张长方形的桌子,上面放着高醋矮豆油,便于食客按需取用。陈二姐的水粉在老街很有名气,十多年了到陈二姐那里吃水粉已经成为习惯。

二姐的水粉全部是手工制作,看制水粉的过程也是一种艺术享受。二姐左手轻轻按压拍打大漏勺里的苕粉,右手提着大漏勺一上一下有节奏地晃动,经过漏勺的苕粉魔术般变成条状,如小瀑布一般落入锅里,开水里滚过以后立马捞入凉水中冷却,就成了盐津著名小吃——手工水粉。二姐娴熟地手工制作水粉技艺吸引了一群外地游客艳羡的目光,手中单反相机咔咔直响。据说二姐因此还上了某旅游杂志的封面。

烫水粉就像用酒提子打酒,讲求的是麻利。把水粉捞进小竹篓瓢里,上面放点豌豆尖之类的时鲜蔬菜,放进沸水里左右晃动几下,最多30秒钟立马提起否则就影响口感。连粉带水倒进碗里,除了酱油、醋、味精、花椒、辣椒、葱等常用的作料外,一勺碎米芽菜,一勺酸萝卜,把炖好的汤料连同

酸辣粉

肉食一同舀进烫好的水粉里，最后一定要放上一勺香脆的油酥黄豆或豌豆，撒上碎葱，一碗浓香四溢的水粉就做好了。你可不要小看了这几粒小小的豆子，若是缺少了它，这碗水粉的味道将会大打折扣。

　　这种小吃吃的就是人气，倘若独自买回家里享用，那无论浇头再多，黄豆炸得再酥脆恐怕也会失了滋味。吃水粉的最高境界不是吃，而是"喝"，男女老少，一齐挤在一间小店里，七八个人，围坐在一张又黑又亮的小饭桌前，只听得"稀溜，稀溜"的声音此起彼伏。不一会儿，一碗碗水粉就吵闹着进入了各自的肚腹，流畅惬意。麻辣酸爽的美味让晶莹滚圆的汗珠挤满了额头，周身出汗，惬意万分。不过瘾的忍不住加碗，往往大声武气地喊：二姐，再来一碗肥肠水粉。

　　盐津美女对于水粉有一种说法：宁可三日不打粉，不可一日无水粉。男人们认为吃水粉味虽好就是不经饿，真正喜欢吃水粉的还是女性较多，一天的早饭往往就是一碗又麻又辣色味俱全的水粉。水粉滋养肠胃、健身减肥、美容养颜，盐津水粉其实就是美女私房绝配美食。有人研究盐津美女肤色娇嫩美白的原因，就是因为每天坚持吃水粉。没有人考证过这种因果关联，反正二姐的生意每天5点起床，就在老街当头，在轻烟氤氲中开始一天的营生。

　　盐津的水粉起源于何时何地，流传了多久，现在恐怕已是无人知晓了。二姐十年卖了多少水粉估计连她本人也不知道。匆匆路过的食客就像关河水，去了又来，来了还去，留下的也许就是对一碗水粉酸辣的回味。时光匆匆，白发染鬓，漂泊在外的你，是否记起，老街桥头还留了一碗酸辣的水粉，还有一个已经老去了的水粉二姐。

后 记

盐津,一个因产盐而在历史上留下的名字,作为"五尺道"上的交通咽喉,几千年来,众多的往来过客、文人名士都曾在这里留下过他们的痕迹。如今,这些痕迹被时光逐渐抹平。循着历史的线索去追忆,人们会发现,许多事物已被赋予了灵性。如此,五尺古道上每一块基石的消亡,也将会迎来另一种新生命的诞生。

作为"文化昭通"丛书之一,《文化昭通·盐津》编撰组从一开始就深刻认识到:这不是一般意义上的历史资料教科书,也不是洋洋洒洒的地方风情旅游杂志,更不是本土作家的个人文集,而是期望以历史文化大散文的深邃笔触,在地方文化的沟谷中,努力凿开前行之路,透出一道新的光亮,去探触盐津历史文化那幽深的未知地带。把该书的编写,作为外界重新认识盐津、重塑盐津文化形象、提高文化自信的一次良机。编撰组在人员、资金等方面都及时就位,得到了各方面强有力的保障的前提下,确定了"南滇锁钥水墨盐津"的文化定位,并确立了以五尺古道为主线,将历史山水人文风味小吃贯穿一线,形成一个呼应首尾的框架布局。

在撰稿过程中,也并非所有的编撰组成员都对盐津的历史文化有较深的感触,只能采取群策群力的互帮方式,建立了《文化昭通·盐津》撰稿人员微信群,把个人的见解、所撰写的文稿发在微信上,互相探讨,共同创作,把文章中一些还需表述的内容和历史信息掺进来。编撰组还组织了大量的采风活动,沿着过去马帮的脚步,走遍了全县10个乡镇。既带着此次创作的目的,又立足于长远,让大家积累信息、丰富体验。另外,盐津在五尺古道、盐津文化研究方面,已经取得了较为丰硕的成果,所以素材也较丰富,这也是这次创作的基础优势。

　　由于时间仓促，本次编写工作也遇到了一些困难，但大家都思想统一、珍惜机会、从不言苦，努力克服困难，实为难得。虽然前期工作获得了上级领导的一些肯定，但也存在文稿质量参差不齐、风格不够统一等一些问题。这些问题，在编撰过程中得到逐步解决。作为一本文化丛书的编撰人员，我们感到自己是幸运的。首先，因为我们生在了一个文化复苏、文化被更多人重视的时代；其次，我们感到幸运的是，编撰工作得到了云南出版集团及县委宣传部的指导帮助，得到了盐津县委、县政府的高度重视，在政策、经费、人员方面给予了充分的保障，并给编撰组营造了宽松的工作环境，保证了编撰工作的顺利进行；最后，在涉及的历史资料和图片方面，为了力求资料丰满充实，有些从网络搜集，有些从图书馆的图书中采集得来，对于这些图片与资料的原创者，我们表示由衷的感谢！当然，二十多万字的内容，两百余幅图片，想要涵盖盐津厚重的历史，显然是不可能的，太多的故事，仍深埋在地下，太多的历史文化名人、探险家，他们的传奇以及与盐津的故事，可能要到那些博物馆和遗留后世的私人珍藏中去寻找。编者的期望，就是想通过这本书的编撰出版，抛砖引玉，为下一步继续深入挖掘盐津的历史文化、塑造盐津文化品牌，找准一个目标和方向，以期来者，书写盐津更辉煌的篇章。

《文化昭通·盐津》编员会